Cornelia Lohs

111 Orte in Bern, die man gesehen haben muss

111

emons:

Bibliografische Information der Deutschen Nationalbibliothek
Die Deutsche Nationalbibliothek verzeichnet diese Publikation in der Deutschen Nationalbibliografie; detaillierte bibliografische Daten sind im Internet über http://dnb.d-nb.de abrufbar.

FSC www.fsc.org
MIX
Papier | Fördert gute Waldnutzung
FSC® C083411

Covermotiv: iStockfoto.com / GlobalP
Layout: Eva Kraskes, nach einem Konzept von Lübbeke | Naumann | Thoben
Kartografie: altancicek.design, www.altancicek.de
Kartenbasisinformationen aus Openstreetmap,
© OpenStreetMap-Mitwirkende, ODbL
Druck und Bindung: CPI – Clausen & Bosse, Leck
Printed in Germany 2023
Erstausgabe 2015
ISBN 978-3-7408-2000-8
Aktualisierte Neuauflage Mai 2023

Vorwort

«Bern? Warum denn um Himmels willen Bern? Das ist doch eine langweilige Bundesstadt! Was gibt es denn dort schon zu sehen? Nie und nimmer bekommst du 111 Orte zusammen!», bekam ich immer wieder zu hören, wenn ich mein Buchprojekt erwähnte. Dabei ist Bern alles andere als langweilig, und zu sehen gibt es allerhand! Die Herausforderung war es jedoch, Orte zu entdecken, die nicht jedem bekannt sind.

Wenn ich während meiner Recherche eine Bernerin oder einen Berner nach dem einen oder anderen der 111 Orte auf meiner Liste gefragt habe und sie ihn nicht kannten, wusste ich, dass ich mit meiner Wahl richtiglag. So hatte beispielsweise nie jemand von der steinernen Schwangeren gehört, die im Park der UniS sitzt, oder davon, dass es in Bern eine Million Termiten gibt und dass der letzte Bär des alten Bern, ein Bärenbaby aus dem Jahr 1798, ausgestopft im Historischen Museum steht.

Ich habe vier Orte gewählt, die über die Stadtgrenzen hinausgehen: Zimmerwald, wo 1915 die in die Weltgeschichte eingegangene Zimmerwald-Konferenz stattfand, den Emmentaler Literaturweg, das Gotthelf-Zentrum und den Chutzenturm auf dem Frienisberg. Warum? Die Literaten Dürrenmatt und Gotthelf gehören doch irgendwie zu Bern, die Zimmerwald-Konferenz nahm ihren Anfang in Bern, und der Chutzenturm ist ein herrliches Ausflugsziel vor den Toren der Stadt, von dem man bei klarem Wetter bis nach Bern blicken kann.

Bern in nur 111 Orten zusammenzufassen ist gar nicht möglich – es gibt so viel zu sehen. Gehen Sie auf Entdeckungsreise und lernen Sie Bern von einer anderen Seite kennen. Sehen Sie das Unbekannte im Bekannten, erfahren Sie die Geschichte hinter der Geschichte und lernen Sie dabei eine der schönsten Städte der Schweiz von einer ganz neuen Seite kennen.

111 Orte

1_AdventureRoom

Wer richtig kombiniert, der findet

In einem Gewölbekeller am Waisenhausplatz lassen sich Gruppen mit maximal sechs Personen freiwillig einsperren, um völlig auf sich selbst gestellt Geheimtüren aufzuspüren und Zeichen zu deuten, die ihnen den Weg in die Freiheit zeigen. Dazu sind sie aber zunächst einmal in Handschellen gekettet. Umgeben von Schlössern, Zahlencodes, Schlüsseln und diversen Hinweisen müssen sie richtig kombinieren, um in die nächste Spielphase zu gelangen. Ein Wettlauf gegen die Zeit beginnt. Und die ist knapp, denn zur Flucht bleibt den Teilnehmern nur eine Stunde. Wer es nach 60 Minuten nicht in die Freiheit schafft, kommt trotzdem auf freien Fuss.

Nicht die Freiheit, sondern eine geheime Bar steht im Mittelpunkt des Spiels «Speakeasy». Diese liegt versteckt unter dem Novotel am Guisanplatz – nur mit dem richtigen Passwort und durch eine versteckte Tür gewinnt man Zugang.

Eine Herausforderung ist das Spiel «Virus», das in einem der bekanntesten Räume (Diorama) des Naturhistorischen Museums aufgebaut wurde. Die Spieler müssen einen Impfstoff für ein Virus finden, bevor die Schweizer Grenzen geschlossen werden. Nein, das Spiel ist nicht im Corona-Jahr 2020 entstanden, sondern im September 2017. Fast genauso spannend ist «Tschernobyl» neben dem «Mubeeri» in der Maulbeerstrasse, wo die Spieler versuchen, den Reaktor unter Kontrolle zu behalten. Im Spiel «Heiliger Gral» am gleichen Standort versuchen sich die Spieler als Archäologen und erforschen einen alten Tempel voller Fallen.

Das Original Real-Life Escape Spiel ist ein Projekt des Berner Physiklehrers Gabriel Palacios. Die Idee dazu hatte er, als er im Sommer 2012 bei einem Musikfestival in Ungarn in einen Lastwagen eingesperrt wurde und Logikrätsel lösen musste, um wieder freizukommen. Im Januar 2013 eröffnete er sein erstes «AdventureRooms-Spiel» in der Länggasse, heute verkauft er sein Projekt als Franchise-Unternehmen in alle Welt.

Adresse Waisenhausplatz 14, 3011 Bern, www.adventurerooms.ch | **ÖV** Bus 12 und Tram 7/8/9 bis Haltestelle Bärenplatz | **Öffnungszeiten** Buchung nur online möglich | **Tipp** Hunger? Im Café Glatz am Waisenhausplatz gibt es leckere vegane Bio-Sandwiches.

2 Das Alpine Museum

Gipfeltreffen auf den Dächern der Welt

Alphörner und ausgestopfte Alpentiere in Vitrinen? Gipsnachbildungen der Schweizer Alpen? Von wegen! Nichts dergleichen findet man im Alpinen Museum. Seit seiner Neueröffnung präsentiert das Haus auf unkonventionelle Art Ausstellungen zu aktuellen Bergthemen aus der ganzen Welt. Sei es nun nachhaltiges Bauen, Extrembergsteigen auf dem Himalaya im Medienzeitalter oder Skirennen in Afghanistan. Wissenschaft, Kultur, Kunst und Gesellschaft werfen verschiedene Streiflichter auf die Berge der Welt und machen immer wieder neue Zugänge möglich. Im Zentrum steht dabei der handelnde Mensch. Pro Jahr finden vier bis sechs Wechselausstellungen statt.

Das Museum wurde 1905 auf Initiative der Sektion Bern des Schweizer Alpen-Clubs im Rathaus des Äusseren Standes an der Zeughausgasse eröffnet. Seit 1934 befindet es sich in dem eigens dafür errichteten Gebäude im Bauhausstil am Helvetiaplatz. 2012 wurde das Museum nach einer Umbauphase unter neuer Leitung mit einer komplett neuen Ausrichtung mit Gegenwartsbezug als lebendiges Themenhaus eröffnet. Bewusst hat man sich gegen eine Dauerausstellung entschieden, da Museen sich verändern, wandelbar bleiben und sich vermehrt der Gegenwart zuwenden sollten. Das Alpine Museum der Schweiz tut dies – und sogar ziemlich radikal. Dazu gehört, dass nicht alle diese Entwicklung gut finden. So gibt es hin und wieder Diskussionen in dem «gefaceliftteten» Museum, wenn Besucher kommen und eine Dauerausstellung mit Gipsbergen und ausgestopften Murmeltieren sehen wollen. Für die Zukunft ist im Untergeschoss eine neue permanente Ausstellung beziehungsweise ein Schaudepot mit Sammelobjekten mit dem Arbeitstitel «Basislager» geplant. Das Permanente, Klassische soll in neuer Form zurückkehren.

Das Museum wurde 2013 als «Europäisches Museum des Jahres» nominiert, was die Leitung in der Neuausrichtung bestärkte.

Adresse Helvetiaplatz 4, 3005 Bern, Tel. +41(0)31/3500440, www.alpinesmuseum.ch | **ÖV** Tram 6/7/8 bis Haltestelle Helvetiaplatz | **Öffnungszeiten** Di–So 10–17 Uhr | **Tipp** Museumsshop: Im intelligentesten Souvenirshop Berns finden Sie jede Menge Bücher zu den Bergen dieser Welt sowie viele Produkte, die es nur hier zu kaufen gibt.

3 Der Anna-Seiler-Brunnen

Kardinaltugend der Mässigung

Als der Brunnen 1548 als Ersatz für seinen Vorgänger aus dem 14. Jahrhundert errichtet wurde, war er weit von seinem heutigen Namen entfernt. «Temperantia» (Mässigung) hiess das Bauwerk, das in jenen Tagen zur Wasserversorgung und Brandbekämpfung der Stadt diente. Den Brunnen krönt eine Frauengestalt, die aus einem Krug Wasser in eine Schale giesst und damit die Kardinaltugend der Mässigung versinnbildlichen soll. Der Freiburger Bildhauer Hans Gieng schuf die Figur. Sein Standort vor dem Käfigturm, damals Gefängnis, brachte dem Bauwerk den Beinamen Kefibrunnen ein, abgeleitet von Chefi, dem berndeutschen Wort für Gefängnis.

Der Berner Pfarrer Karl Howald, der Mitte des 19. Jahrhunderts die sechsbändige Chronik «Die Brunnen zu Bern» verfasste, war der Meinung, bei der Statue über dem plätschernden Wasser könne es sich nur um Anna Seiler handeln – so kam der Brunnen zu seinem heutigen Namen. Die Berner Ratsherrentochter gilt als Stifterin des Inselspitals, aus dem später das Universitätsspital hervorging.

Wann Anna Seiler geboren wurde, ist nicht bekannt. Erstmals erwähnt wurde sie 1348. Vermählt mit dem vermögenden Kaufmann und Spitalmeister Heinrich Seiler, der für die Verwaltungs- und Pflegedienste des Niederspitals zuständig war, kannte sie die Nöte der Kranken in jener Zeit. Ganz besonders, als in der Stadt Bern im Frühsommer 1349 die Pest ausbrach und über Monate hinweg täglich bis zu 60 Menschen starben – damals hatte Bern gerade mal um die 5.000 Einwohner. Per Testament stiftete die verwitwete und kinderlose Anna Seiler am 29. November 1354 ein Spital für 13 Bettlägrige und Bedürftige samt drei Pflegepersonen, das «stets und ewig» Bestand haben sollte und vermachte für den notwendigen Lebensunterhalt der Bedürftigen ihre gesamten Besitztümer. Anna Seiler starb im August 1360. Das von ihr gestiftete Spital erhielt den Namen Seilerin-Spital.

Adresse Marktgasse (vor dem Käfigturm), 3011 Bern | **ÖV** Tram 9, Bus 10, 12 bis Haltestelle Bärenplatz | **Tipp** Die Brunnenfigur ist eine Kopie aus dem Jahr 1962. Schauen Sie sich das Original von Hans Gieng im Bernischen Historischen Museum (Helvetiaplatz 5) an.

4 Die Antikensammlung

Göttinnen und Helden vergangener Tage

Im ehemaligen Papierlager der Druckerei Kümmerley und Frey stehen die berühmtesten Skulpturen der griechischen und römischen Antike auf hölzernen Transportpaletten und Betonröhren in Reih und Glied. Unter ihnen Aphrodite, die Göttin der Liebe und der Schönheit, Apoll, Sohn des Zeus und Gott der Künste, die Venus von Milo, der römische Feldherr Julius Cäsar, Kleopatra, die Traumfrau der Antike, der Kopf Alexander des Grossen, die Büste von Augustus, die Maske der Medusa, der trojanische Priester Laokoon, Statuen von Kriegern, Kämpfern und Athleten sowie diverse Fragmente und Reliefplatten. Die Sammlung umfasst 230 originalgetreue Gipsabgüsse der schönsten antiken Skulpturen, Büsten und Köpfe von den Anfängen der griechischen Archaik (700–620 vor Christus) bis zur römischen Spätantike (5. Jahrhundert nach Christus).

Die teils schneeweissen Skulpturen stehen im Kontrast zu dem Gussasphaltboden, den grauen Wänden, der Neonbeleuchtung und den farbigen Abflussrohren an den Wänden der ehemaligen Industriehalle. In einem separaten Raum befindet sich ergänzend eine Originalsammlung mit Werken antiker Kleinkunst.

Die umfangreiche Sammlung entstand 1806 zunächst mit 17 Skulpturen, als der Kanton Bern Abgüsse für den Unterricht an der Zeichenakademie bestellte. Später waren sie Bestand des Kunstmuseums und dienten als Forschungsobjekte für Archäologen. Im frühen 20. Jahrhundert wurden die Gipsabgüsse der antiken Göttinnen und Helden als Abklatsch der Originale verschmäht und eingemottet, bis sie 1974 wieder hervorgeholt wurden.

1994 fanden sie in dem Papierlager mit Industriecharakter ein neues Zuhause, wo sie der Abteilung für die Archäologie des Mittelmeerraumes der Universität als Lehrsammlung für Seminare dienen. Die Studenten und Studentinnen lernen anhand der Gipsabgüsse, Kunstwerke in ihrem kulturellen Kontext zu deuten sowie präzise zu datieren.

Adresse Institut für Archäologische Wissenschaften, Hallerstrasse 12, 3012 Bern, Tel. +41(0)31/6318992 | **ÖV** Bus 20 bis Haltestelle Universität | **Öffnungszeiten** Mi 18–20 Uhr und nach Vereinbarung | **Tipp** Die Café-Bar Parterre in der Hallerstrasse 1 gehört zu den besten Cafés der Stadt. Wochentags wird schon ab 7 Uhr Kaffee serviert.

5 Das Apfelgold – desserts & livres

Die süssen Seiten des Lebens

Angefangen hat alles mit Donat Bergers übergrosser Liebe zu Desserts. Ab 2008 experimentierte er immer wieder mittwochs mit allerlei süssen Zutaten in der heimischen Küche und lud Freunde zum Testnaschen ein. Zu zwölft scharten sie sich bei ihm zu Hause um den Esstisch seiner Drei-Zimmer-Wohnung und probierten sich durch sechsgängige Dessert-Menüs. Berger nannte die Nascherei «Schnouse am Mittwuch». Die Freunde lobten seine Leckereien weit über den Esstisch hinaus, sodass sich bald auch Fremde zum Schnouse einfanden.

Da die Desserts, Torten und Kuchen in der Mittwochsrunde ein solcher Erfolg waren, gründete Donat Berger das Dessert-Catering Schnouse und belieferte Events mit seinen süssen Kreationen. Die Küche drohte wegen der immer grösser werdenden Aufträge bald aus allen Nähten zu platzen. Eine Profiküche musste her. Im Brückfeld fanden Donat Berger und seine Frau Karin ein passendes Lokal, bauten die Räume um und eröffneten 2012 das Café Apfelgold. Fortan fand das Mittwochs-Schnouse dort statt. Mit langen Holztischen, dem Sofa, Vitrinen und den massiven Regalen voller Bücher wollten die Bergers eine Wohnzimmeridylle schaffen wie zu Hause, als noch in den eigenen vier Wänden geschnoust wurde.

Apfelgold – ein seltsamer Name für ein Café. «Überhaupt nicht», findet Donat Berger. «Für den Namen haben wir uns entschieden, weil der Apfel immer Saison hat.» Nicht nur zum Kuchen verarbeitet, sondern auch in Form von Süssmosten und Cidres, von denen mehrere Variationen im Café angeboten werden. Im November 2013 wurde das Mittwochs-Schnouse eingestellt. Dafür gibt es im Café zweimal pro Woche eine neue Dessert-Kreation. In der Vitrine stehen weiterhin die Schnouse-Klassiker Schoggibombe, Zitronentartelettes und die Torta della Nonna. Neben der Arbeit im Café widmet sich Donat Berger seinem Catering-Service, der an sieben Tagen der Woche abrufbar ist.

Adresse Bonstettenstrasse 2, 3012 Bern, Tel. +41 (0)31/5582404 | **ÖV** Bus 11 bis Haltestelle Engeried | **Öffnungszeiten** Do–So 9–17 Uhr, www.apfelgold.ch | **Tipp** Noch mehr schlemmen? Das können Sie unter der Woche in Hallers Brasserie in der Hallerstrasse 33.

6 Das Art of Scent Parfümatelier

Eine Duft-Hommage an Bern

Tritt man durch die braune Holztür, beginnt ein Fest für den Geruchssinn. Mit der Eröffnung ihres Parfümateliers hat sich Brigitte Witschi einen lange gehegten Traum erfüllt. Die ausgebildete Pädagogin beschäftigte sich bereits in ihrer Arbeit mit blinden Kindern mit Aromatherapie und setzte immer wieder gezielt Düfte ein. Die Idee, ein eigenes Parfüm zu kreieren, wuchs und führte Brigitte Witschi an die École de Parfumerie in Grasse, wo sie sich zur Parfümeurin ausbildete. Als sich die Gelegenheit für geeignete Räumlichkeiten in Bern bot, überlegte sie nicht zweimal. Neben zahlreichen Atelierdüften bietet Witschi in ihrem Parfümatelier in der Altstadt die Bergdüfte Blauer Enzian, Edelweiss und Silberdistel an. Eine besondere Parfümlinie ist ihre Bern Collection mit dem Aarewasser, das mit seinem frischen, aquatischen Duft an den Berner Fluss erinnert sowie die zwei weiteren Düfte der Kollektion, Finn und Rosengarten – eine Hommage an die Schweizer Hauptstadt.

Die ätherischen Öle, die für die Duftkreationen verwendet werden, stammen vielfach aus biologischem Anbau, die natürlichen Substanzen kommen aus aller Welt: die Bergamotte aus Italien, der Lavendel aus Frankreich, der Jasmin aus China und die Rose aus Bulgarien. «Meine Düfte entstehen in Bern, werden hier gemischt und hier vertrieben: Bern ist so genommen auch eine Parfümstadt», sagt Brigitte Witschi, die ihr Wissen in Workshops weitergibt. In zwei Stunden lernen Teilnehmer unter fachkundiger Anleitung, ihren eigenen Duft zu kreieren. Bern Tourismus bietet in Zusammenarbeit mit Art of Scent den geführten Rundgang «Bern der Nase nach» an. Teilnehmerinnen gehen hier im wahrsten Sinne des Wortes der Nase nach und erfahren einiges über die Gerüche der Stadt – von Sandstein über Kakaoduft bis hin zur Lakritze. Im Anschluss an die Tour verarbeiten die Teilnehmer die Gerüche im Parfümatelier und kreieren so ihren eigenen Bern-Duft.

Adresse Rathausgasse 49, 3011 Bern, Tel. +41(0) 317612218, www.artofscent.ch | ÖV Bus 10, Tram 7/8/9 bis Haltestelle Zytglogge | Öffnungszeiten nur nach tel. Vereinbarung | Tipp Wie wäre es mit einer Flasche erstklassigem Wein? Schauen Sie mal in der Weinhandlung Tredicipercento in der Rathausgasse 25 vorbei. Im angeschlossenen Restaurant Tredici können Sie zudem lecker essen!

7 Die Äss-Bar

Frisch von gestern

Ess-Bar oder essbar? Beides und das im wahrsten Sinne des Wortes. In einem schmucken Altstadtkeller in der Marktgasse gibt es seit März 2015 täglich wechselnde Backwaren und Patisserien zum halben Preis. Die Idee des Brotrecyclings stammt aus Zürich, wo bereits seit 2014 eine Äss-Bar betrieben wird. Die Berner Macher, Franziska Güder, Geo Taglioni und Simon Weidmann, hatten Anfang 2014 den Entschluss gefasst, ein gemeinsames Projekt an der Schnittstelle Lebensmittel, Ernährung und Nachhaltigkeit zu lancieren. Sie wollten sich gegen die Verschwendung von Lebensmitteln und wertvollen Ressourcen engagieren und holten so das Zürcher Konzept in die Hauptstadt. Lieferanten der Backwaren sind Berner Bäckereien, die der Äss-Bar ihre Reste vom Vortag zur Verfügung stellen, dafür am Umsatz beteiligt werden und darüber hinaus froh sind, dass sie ihre Produkte nicht mehr wegwerfen müssen. Pro Jahr werden 200 Tonnen Backwaren verkauft, die ansonsten im Abfall gelandet wären.

Die Resonanz der Äss-Bar war von Anfang an so überwältigend, dass bereits innerhalb von vier Jahren zwei weitere Filialen eröffnet werden konnten: eine Filiale im Berner Länggassquartier (2019, mittlerweile geschlossen), die andere in der Bieler Innenstadt (2018). Bis heute konnte eine solide Stammkundschaft aufgebaut werden. Am Mittag kommen sehr viele Kunden, die rund um die Äss-Bar arbeiten, um sich ihr belegtes Sandwich zu holen. Seit kurzem setzt die Äss-Bar auch auf Eigenproduktion. So wird aus Foodsave-Lebensmitteln fürs Mittagessen Neues kreiert wie zum Beispiel wärmende Suppen, vegane Sandwiches oder warme Mittagsgerichte. Dazu werden vorwiegend Zutaten verwendet, die im Detailhandel aufgrund von Aussehen oder Haltbarkeit nicht mehr verkauft werden können. Hauptlieferant ist der benachbarte «Gmüesgarte» in der Marktgasse, der frisches, aber nicht-normiertes Gemüse beziehungsweise Grünzeug mit Schönheitsfehlern verkauft.

Adresse Marktgasse 19 (im Keller), 3011 Bern; Marktgasse 27, 2502 Biel, www.aess-bar.ch | ÖV Bus 10, Tram 8 bis Haltestelle Zytglogge | Öffnungszeiten Filiale Marktgasse Bern: Mo 9–15 Uhr, Di–Fr 9–18.30 Uhr, Sa 9–17 Uhr | Tipp Tea Time mit veganem Kuchen bietet das Café Marta in der Kramgasse 8.

8 Das Atrium

Der kleine Luxusliner im Kursaal

Fast könnte man meinen, man befände sich auf einem Luxusliner auf dem Weg zu irgendeinem exotischen Teil der Welt. Grund dafür ist die raffinierte Architektur, die einem Schiffsdeck gleicht. Der offene Raum gewährt Sicht auf vier durch weisse Säulen verbundene höher gelegene Etagen. Die Oberdecks sozusagen, wo sich die Zimmer des Hotels Allegro befinden. Die knapp hüfthohen, mit Geländer versehenen weissen Wände entlang der Etagen gleichen einer Reling. Eine elegante Kaskadentreppe führt in alle vier Etagen hinauf. Zwei Lifttürme aus Stahl und Glas sowie Verbindungsbrücken zu den Zimmern setzen weitere schiffsarchitektonische Akzente. Die filigrane gläserne Dachkonstruktion und Reflektoren, die das Atrium mit Licht durchfluten, tun ihr Übriges. Sitzt man an einem der Tische unter dem Glasdach und schaut zum Himmel hinauf, hat man tatsächlich das Gefühl, das Schiffshorn würde jeden Moment ertönen.

Es ertönt jedoch nicht, und man befindet sich auch nicht auf einem Schiff, sondern im Atrium, einem der vier Restaurants im Kursaal. Das Atrium gehört zum Swissôtel Kursaal Bern, das 1998 als Hotel Allegro eröffnet wurde und heute dort steht, wo sich zuvor eine grüne Wiese befand. Zum «Luxusliner» umgebaut wurde das Atrium 2011. Seitdem ist es für seine Buffets bekannt. Unter dem hohen Glasdach frühstücken die Gäste des Hotels. Später, zum Lunch-Buffet, treffen sich hier hauptsächlich Geschäftsleute, Seminarteilnehmer und Passanten. Ein Geheimtipp ist der üppige Sonntagsbrunch, bei dem auch Vegetarier nicht zu kurz kommen. Es gibt zahlreiche Salate, Gemüse, Braten, Lachs, Schinken, Früchte, Brot, Croissants und anderes Gebäck, Müesli, Schoggimousse sowie am «Asia Brunch Corner» feine Currys, scharfe Suppen, exotische Salate, Frühlingsrollen und vieles mehr.

Auch Kinder sind zum Sonntagsbrunch willkommen. Für sie steht ein separates Kinderbuffet und ein «Kids Corner» bereit.

Adresse Kornhausstrasse 3, 3000 Bern, Tel. +41(0)31/3395250, www.kursaal-hotel.ch | **ÖV** Tram 9 Richtung Wankdorf, Haltestelle Kursaal | **Öffnungszeiten** Mo – Fr Frühstück 6.30 – 10 Uhr, Mittagsbuffet 11.30 – 14.30 Uhr, Sa, So 6.30 – 10.30 Uhr, Sonntagsbrunch 11.30 – 14.30 Uhr | **Tipp** Keine Lust auf Brunch? Dann essen Sie doch mal im Restaurant Giardino im Wintergarten mit grosser Sommerterrasse und Blick auf die von Fackeln erhellte Teichlandschaft des Hotelparks.

9 Die Badgasse

Ein Bad für Casanova

Öffentliche Badeanstalten im 18. Jahrhundert dienten nicht nur der Hygiene, sondern auch dem Vergnügen. Einige Badehäuser hatten sogar Séparées, in die Paare sich zum Tête-à-Tête zurückziehen konnten. In einschlägigen Vierteln grösserer Städte war der Übergang zwischen Badehaus und Bordell fliessend. In der Badgasse standen damals bereits seit Jahrhunderten mehrere Badehäuser. In eines davon verirrte sich 1760 Giacomo Casanova auf seiner Bernreise. «Wenn man sein Bad vorbereiten lässt, kommen nacheinander alle Mädchen des Hauses, jede bringt etwas – die eine Wein, eine andere Brot, eine dritte Käse. Diejenige, die einem gefällt, bleibt beim Besucher und treibt die Gefälligkeit so weit, dass sie zu ihm ins Bad steigt», so der berüchtigte Verführer.

Die viel besuchten Bäder, die das Bild der Gasse über Jahrhunderte hinweg prägten, verschwanden Anfang des 20. Jahrhunderts. Heute erinnert nur noch der Name daran, dass hier einst ausgiebig gebadet wurde.

Mit den Bädern verschwunden sind die spätmittelalterlichen Häuser der Gasse. Gegen Ende des 19. Jahrhunderts zählte sie zu den schlimmsten Elendsvierteln Berns, in denen Krankheiten und Seuchen wüteten. Tatsächlich gab es hier die höchste Tuberkulosesterblichkeit der Bundesstadt. Die baufälligen und verschachtelten Häuser waren hoffnungslos überfüllt, feucht, schlecht geheizt, ohne ausreichende sanitäre Anlagen und in einem dermassen heruntergekommenen Zustand, dass sie durch die Gemeinnützige Baugenossenschaft ab 1916 bis 1930 nach und nach abgerissen und als Sozialwohnungen neu gebaut wurden.

Entgegen dem Bild der Stadt sieht seit dem damaligen Neubau in der Badgasse ein Haus wie das andere aus. Lediglich das Gebäude Nummer 1 blieb von dem Abriss verschont. In dem historischen Haus, das direkt unter der Münsterplattform liegt, befindet sich das Restaurant Zum Zähringer.

Adresse Badgasse, 3011 Bern | **ÖV** Mattelift an der Münsterplattform | **Tipp** Gehen Sie doch mal auf den Spielplatz in der Matte. Von dort aus haben Sie einen herrlichen Blick auf die obere Altstadt. Übrigens: Im Buch «Matteänglisch» vom MatteänglisClub Bärn finden Sie spannende Geschichten zur Matte.

10 Das Bakunin-Grab

Der Vater des Anarchismus

«Erinnert euch an den, der alles opferte für die Freiheit seines Landes», steht auf dem Grabstein des berühmten Anarchisten und Sozialrevolutionärs Michail Alexandrowitsch Bakunin. Zeit seines Lebens trat er für eine klassenlose Gesellschaft ein, in der weder Staat noch Religion den Menschen an seiner Selbstbestimmung hindern. «Nur dann bin ich wahrhaft frei, wenn alle Menschen, die mich umgeben, ebenso frei sind wie ich» war die Lebensphilosophie Bakunins.

Der in Russland geborene Spross einer alten Adelsfamilie lernte während eines Aufenthaltes in Paris Karl Marx und Friedrich Engels kennen und beteiligte sich 1848 an den Aufständen in Paris und Prag sowie 1849 in Dresden. Er wurde verhaftet und 1851 an Russland ausgeliefert, wo er mehrere Jahre im Gefängnis verbrachte und 1857 nach Sibirien verbannt wurde. Nach seiner Flucht 1861 liess er sich zunächst in London, später in Italien nieder, wo er sich den revolutionären Kreisen um Garibaldi anschloss. In Genf gründete er die Internationale Arbeiter-Allianz, die später der Internationalen Arbeiterassoziation (Erste Internationale) beitrat. Wegen Differenzen mit Marx und aufgrund seiner anarchistischen Ansichten wurde er 1872 ausgeschlossen.

Bakunin, der seit 1870 in Lugano lebte, begab sich aufgrund seiner schlechten Gesundheit 1876 nach Bern in die Obhut seines Arztes und langjährigen Freundes Carl Vogt. Sein Leiden verschlimmerte sich jedoch dermassen, dass er den Tod herbeisehnte und diesen durch Verweigerung der Nahrung beschleunigte. Als Bakunin am 1. Juli 1876 in Bern im Alter von 62 Jahren verstarb, war er als Revolutionär bereits desillusioniert. «Die Völker aller Nationen haben heute den revolutionären Instinkt verloren. Sie sind zu sehr mit ihrer Lage zufrieden, und die Furcht, auch noch das zu verlieren, was sie haben, macht sie harmlos und träge», sagte er wenige Tage vor seinem Tod zu einem Freund.

Adresse Bremgartenfriedhof, Murtenstrasse 51, 3008 Bern, nahe dem Haupteingang, Abt. 9201, Grab 68, Tel. +41(0)31/3810404 | **ÖV** Bus 100/101 bis Haltestelle Bremgartenfriedhof | **Öffnungszeiten** durchgehend | **Tipp** Machen Sie einen Spaziergang über die wunderschöne Allee im Friedhof mit dem über 100 Jahre alten Baumbestand.

11 Das Belle Epoque

Jugendstil-Flair in der Altstadt

Eigentlich war es anfangs gar nicht als Hotel gedacht – doch dann wurde es das kleinste Grandhotel der Welt. Die engen Gassen der Berner Altstadt verhinderten jedoch den fünften Stern. Als das Berner Sammlerehepaar Martina und Dr. Philippe Ledermann 1987 eine Galerie für seine immer grösser werdende Jugendstil-Sammlung suchte, stiess es auf die Liegenschaft an der Gerechtigkeitsgasse 18. Philippe Ledermann, Zahnarzt und Erfinder des Schraubenimplantates, kaufte das Gebäude und liess es von Grund auf renovieren. Aufgrund baulicher Gegebenheiten verabschiedete er sich jedoch bald von der Idee einer Kunstgalerie und beschloss stattdessen, ein Hotel im Stil der Belle Epoque zu eröffnen.

Die Kunstsammlung aus der Zeit des Jugendstils zieht sich in Form von Mobiliar, Antiquitäten und Gemälden wie ein roter Faden durch sämtliche Etagen. Unter den Gemälden befinden sich Originale von Klimt, Hodler, von Stuck und Toulouse-Lautrec. Betritt man das Restaurant, umweht einen sofort der Hauch einer längst vergangenen Zeit. Ein aussergewöhnlicher Akt begrüsst die Gäste. Auf einer fast drei Meter hohen Dekorationswand aus 190 Kacheln räkelt sich eine Frau mit wallendem Haar auf einer Astgabel, umgeben von exotischen Pflanzen. Geschaffen wurde das Werk von Sandier um 1890 in Paris. Die Wände zieren Spiegel und Gemälde des Art nouveau in üppig verzierten Rahmen. Um die runden Tische stehen Stühle von Eugène Gaillard, seinerzeit einer der bedeutendsten französischen Künstler für Interieurs. Von der Decke hängen farbenprächtig schillernde Lampen bekannter Art-nouveau-Künstler.

In der angrenzenden Bar dominiert die Plakatkunst von Alfons Mucha sowie Toulouse-Lautrecs legendäres «La Revue blanche». Meisterstück ist das spanische Jugendstilklavier von Victor Masriera, das auf der Pariser Weltausstellung zur Jahrhundertwende mit einer Goldmedaille ausgezeichnet wurde.

Adresse Gerechtigkeitsgasse 18, 3011 Bern, Tel. +41(0)31/3114336, www.belle-epoque.ch | ÖV Bus 12 bis Haltestelle Nydegg | Tipp Im Belle Epoque finden regelmässig Konzerte, Lesungen und Vorträge statt. Das Programm finden Sie auf der Website des Hotels.

12 Die Bellevue Bar

Geist der Verzückung

Das Erste, was ins Auge fällt, ist die silberne Art-nouveau-Skulptur auf der Bar. Es ist die vergrösserte Version der berühmtesten Kühlerfigur der Welt, der Spirit of Ecstasy, die seit 1911 die Motorhaube des Rolls-Royce schmückt. Modell für den «Geist der Verzückung» stand Eleanor Thornton, Sekretärin des britischen Barons Montagu of Beaulieu. Urs Bührer, Direktor des Bellevue Palace, erwarb die Skulptur vor ein paar Jahren in einer Galerie in Ascona. Ihr Alter ist nicht bekannt, man nimmt jedoch an, dass sie aus der Zeit vor dem Zweiten Weltkrieg stammt. Somit wäre sie jünger als die Bar, auf der sie steht, denn diese stammt aus dem Jahr 1913, als der Bellevue Palace eröffnet wurde.

Ihren legendären Ruhm erlangte die Bellevue Bar während des Zweiten Weltkrieges, als sie Hotspot von Diplomaten, Botschaftern, Militärattachés, Geheimdienstleuten, Spionen, Doppelagenten und Journalisten war. In Bern befand sich das Hauptquartier des US-Militärgeheimdienstes gegen Nazideutschland, und der legendäre «Meisterspion von Bern» und spätere CIA-Direktor Allen Dulles war seit 1942 hier stationiert. Ihm und anderen einheimischen und ausländischen Agenten diente die Bar als wichtige Informationsquelle. «Im Dunstkreis von Verschwörungen, Verrat und Verführung verflochten sich die einzigartige Atmosphäre und die Geschichte der Hotelbar zwischen Wahrheit und Erfindung zum Mythos», schreibt Martin Fröhlich in seinem Buch «Das Hotel Bellevue Palace in Bern».

Geheimagenten gehören zwar längst nicht mehr zu den Stammgästen der Bar, die heute fast so aussieht wie damals, aber noch immer ist sie beliebter Treffpunkt für Politiker, Diplomaten und Journalisten. Der letzte Spion, den man dort sah, war vermutlich George Smiley alias Alec Guinness im Jahr 1981, als Szenen aus John le Carrés Spionagethriller «Smiley's People» im Bellevue Palace gedreht wurden.

Adresse Bellevue Palace, Kochergasse 3 - 5, 3000 Bern, Tel. +41(0)31/3204545, www.bellevue-palace.ch | **ÖV** Bus 10/Tram 8 bis Haltestelle Zytglogge | **Öffnungszeiten** Mo – So 10 – 24 Uhr | **Tipp** Geniessen Sie einen Kaffee oder Aperitif auf der Terrasse des Bellevue Palace mit grandioser Sicht auf die Aare und das Alpenmassiv mit Eiger, Mönch und Jungfrau (April – Okt. 12 – 22 Uhr).

13 Das Berner Puppentheater

Geschichten für Gross und Klein

Seit 1992 erwecken Hans Wirth und Monika Demenga in dem ehemaligen Weinkeller in der Gerechtigkeitsgasse Stab- und Handpuppen sowie Schattenfiguren zum Leben und entführen Kinder mit phantastischen Geschichten für kurze Zeit in eine andere Welt. Pro Saison rund 150 Mal. Das kleine Theater im klassischen Stil bietet Platz für 80 Kinder. Anders als beim Theater, wo jedes Stück im Spielplan von Mitgliedern des Ensembles besetzt wird, werden beim Puppentheater für neue Stücke nicht nur die Kleider gewechselt, sondern völlig neue Figuren von Hand gemacht. Manche Puppen ruhen jahrelang in Holzkisten, bevor sie wieder in dem Stück auf der Bühne stehen, für das sie geschaffen wurden.

Die Stücke werden von Hans Wirth und Monika Demenga eigens für das Puppentheater geschrieben. Ihre Handlung hat stets eine soziale Komponente und eine Botschaft. Geschichten, die belehren sollen. Seelennahrung für Kinder zwischen fünf und zwölf Jahren. Ein Klassiker ist die Geschichte «Die Glaskugel» (D'Glas-Chugle), die seit 1981 immer wieder aufgeführt wird, erstmals in der 1968 gegründeten Puppen- und Wanderbühne Demenga/Wirth. In der Geschichte geht es ums Loslassen. Die kleine Anja ist traurig, weil sie ihre Glaskugel verloren hat. Am Ende überlässt sie diese jedoch dem Finder, dem Riesen Huldrich.

Die Inszenierung eines Stückes dauert sechs Monate und umfasst das Schreiben, die Herstellung der Puppen und die Komposition der Musik.

Für jede Inszenierung wird von dem Prager Regisseur und Komponisten Jiri Ruzicka die passende Musik verfasst. Ruzicka, der seit 1968 in der Schweiz lebt und heute zwischen Bern und Prag pendelt, gehört seit den Anfangstagen zum Team. Die Inszenierungen des Berner Puppentheaters werden durch ausgewählte Gastspiele nationaler und internationaler Puppenspieler ergänzt. Die Spielzeit dauert von Mitte Oktober bis Ende April.

Adresse Gerechtigkeitsgasse 31, 3011 Bern, Tel. +41(0)31/3119585, www.berner-puppentheater.ch | **ÖV** Bus 12 bis Haltestelle Rathaus | **Öffnungszeiten** Okt.–April, tel. Reservierung Mi & Sa 13–17 Uhr oder online unter Spielplan | **Tipp** Gehen Sie nach der Vorstellung in die geschichtsträchtige Altstadtbeiz «Krone Bern» in der Gerechtigkeitsgasse 66 auf ein Gläschen Wein.

14 Das Biercafé Au Trappiste

Bier-Pilgerstätte mit über 100 Biersorten

Nach einem Heineken fragt man hier vergebens. Die Gründer des Biercafés, Eliane Münger und Olivier Vurchio, bevorzugen Mikro- und Kleinbrauereien und sind immer auf der Suche nach neuen und aussergewöhnlichen Bierspezialitäten in verschiedenen Geschmacksrichtungen. Neben den sechs Zapfhähnen finden sich im ständigen Sortiment 50 verschiedene Biersorten und 50 weitere, die immer wieder wechseln. Damit wollen die beiden ihren Gästen die Möglichkeit geben, regelmässig etwas Neues zu entdecken. Die Idee zu dem Biercafé kam den beiden während eines Italienurlaubs 2013. Als sie in einem kleinen Restaurant namens «Vini e Panini» assen und sahen, mit wie viel Herzblut der Besitzer sein Lokal betrieb, beschlossen sie, so etwas in der Berner Altstadt aufzubauen. Allerdings nicht mit Wein, sondern mit Bier. Für Münger und Vurchio war es ein Sprung ins kalte Wasser, denn keiner von beiden stammt aus der Gastronomieszene. Ideen hatten sie jede Menge und bald auch die passenden Räume – den ehemaligen Friseursalon Walter in der Rathausgasse 68. Wie geschichtsträchtig ihr Lokal ist, wussten sie damals noch nicht.

Im hinteren Teil des Cafés wurde während der Renovierung eine denkmalgeschützte Decke aus dem Jahr 1470 freigelegt – bisher die älteste in Bern dokumentierte. An den steinernen Wänden sind schwarze Spuren zu erkennen, die noch vom Berner Altstadtbrand im Jahr 1405 stammen. Die Einrichtung ist eine Mischung aus Alt und Modern im Brasserie-Stil: Kronleuchter, goldener Wandspiegel, Tische und Stühle aus dunkelbraunem Holz.

Münger und Vurchio nannten ihr Café «Au Trappiste». Nicht nur, weil auch Trappistenbier zum Sortiment gehört, sondern weil beide den Grundsatz des Mönchsordens der Trappisten bewundern, einen Teil des Erlöses für gemeinnützige Zwecke zu verwenden. Entsprechend unterstützen sie mit ihrem Umsatz hilfsbedürftige Menschen und Tiere.

Adresse Rathausgasse 68, 3011 Bern, Tel. +41(0)31/3110789, www.autrappiste.ch | **ÖV** Tram 7/8/9 bis Haltestelle Zytglogge | **Öffnungszeiten** Mo – Mi 16 – 23.30 Uhr, Do – Sa 16 – 0.30 Uhr | **Tipp** Schauen Sie dienstags oder samstags zwischen 7 und 12 Uhr doch mal auf dem Münstergass-Märit – Delikatessen- und Blumenmarkt – vorbei.

15 Bilboquet

Grosse und kleine Schätze für Generationen

Man tritt durch die Tür und befindet sich plötzlich auf einer Reise in vergangene Zeiten. In die Zeiten der eigenen Kindheit, unabhängig davon, ob man nun in den 1950ern oder in den Jahrzehnten danach geboren wurde. In den Regalen und alten Vitrinen stehen dicht gedrängt buntes Blechspielzeug, Rennautos aus Holz, Kochherde und Backsets, allerlei Zubehör für Kaufmannsläden, Puppenhäuser, Kreisel, Drehorgeln, Spieldosen, Häkelfiguren, Puppen und Bären, Ritterburgen, Elefanten auf Rollen, Fahr- und Fuhrwerk aller Art, Tigerenten, kunterbunte Kindertaschen, Springseile mit Holzgriffen, Puzzles in kleinen Köfferchen, Miniaturkarusselle und Bücher. Der rot-weiss gepunktete Puppenwagen aus Korb erinnert an die 1960er Jahre und der hellblaue Motorroller aus Blech mit dem Fahrer mit der Windstossfrisur an das Jahrzehnt davor.

Erinnerungen an die eigenen Lieblingsspielzeuge werden wach, und man fällt unvermittelt in seine eigene Kindheit zurück, wenn man zwischen den Regalen und Vitrinen umherwandert. Bei dem einen sind es die Märchenbauklötze aus Holz, die längst vergessene Erinnerungen wecken, bei den anderen die bunten Kasperlfiguren, Steckenpferde, kuschelige Plüschtiere oder andere ungewöhnliche Schätze.

Seit 1966 lässt der Spielzeugladen die Herzen aller Altersklassen höherschlagen. Angefangen hat Bilboquet vor über 50 Jahren mit antikem Spielzeug. Die Gründerin des Ladens, die lange in Paris gelebt hat, war damals leidenschaftliche Sammlerin von Spielzeugen und wollte in ihrem Geschäft ihre umfangreiche Sammlung ausstellen. Neue Spielsachen kamen dazu, und der Laden wurde zu einem Mix aus altem und neuem Spielzeug, wobei die Antiquitäten immer mehr verdrängt wurden. Heute verkauft Bilboquet Spielwaren aus Blech und Holz, die in Frankreich nach altem Vorbild produziert werden. Sie sind neu, wecken aber gleichzeitig nostalgische Erinnerungen.

Adresse Münstergasse 37, 3011 Bern, Tel. +41(0)31/3113671 | **ÖV** Tram 7/8/9 bis Haltestelle Zytglogge | **Öffnungszeiten** Mi – Fr 11 – 18 Uhr, Sa 10 – 16 Uhr | **Tipp** Aussergewöhnliche Wohnaccessoires finden Sie im Bellocchio in der Münstergasse 62.

16 Der Blutturm

Endstation für Täufer

Dass sich um diesen Turm viele Mythen und Spukgeschichten ranken, glaubt man sofort, wenn man die steile Treppe von der Lorrainebrücke zu ihm hinuntersteigt. Trotz Sonne und blauem Himmel wirkt er unter den Bäumen und so nah am Wasser etwas unheimlich und beflügelt die Phantasie. Ganz besonders, wenn man all die Geschichten im Kopf hat, die sich um den kleinen Rundturm ranken.

Gebaut wurde er im Mittelalter als Teil der Stadtbefestigung, heute gehört er zu den ältesten erhaltenen Wehrbauten der Stadt.

In Verbindung gebracht wurde der Turm mit der bernischen Täuferbewegung um 1525. Die Täufer, die auf einer Freiwilligkeit des Glaubens und der Kirchengemeinschaft beharrten, lehnten die Kindstaufe und die Praxis der Glaubenstaufe ab. Sie wollten den Aufbau einer eigenen, obrigkeitsunabhängigen Kirchengemeinde und verweigerten zudem den Eid und Kriegsdienst. Mit dem Durchbruch der Reformation in Bern im Jahr 1528 begann eine systematische Verfolgung der Glaubensgemeinschaft. Bis 1571 wurden 70 Täufer hingerichtet, einige davon am Blutturm. Dazu schreibt der Berner Pfarrer und Chronist Johann Rudolf Gruner in seinen «Deliciae Urbis Bernae: Merkwürdigkeiten der hochlöblichen Stadt Bern» im Jahr 1732: «Der Blut-Thurn an dem Ecke der Stadt an der Schützenmatt, in die Aar hinaus gebauet, daselbst wurden vor diesem die Hexen ertränkt, und geschahen da die heimlichen Executionen. Auch wurden da Anno 1528 drey Widertäuffer ertränkt.» Es handelt sich um drei Täufer, die sich weigerten, in den Schoss der Berner Landeskirche zurückzukehren.

Nach dieser Zeit ist allerdings nichts Gruseliges mehr zum Blutturm bekannt. Nun ja, zumindest wurde dort niemand mehr hingerichtet. Anfang des 19. Jahrhunderts diente der Turm dem Anatomischen Institut als Leichenhalle – die dicken Mauern und die Nähe zum Fluss hielten die Toten kühl.

Adresse über die Treppe neben der Lorrainebrücke, 3012 Bern | **ÖV** ab Bahnhof circa 10 Minuten Fussweg | **Tipp** Schon lange nicht mehr gelaufen? Die Strecke am Blutturm an der Aare entlang eignet sich hervorragend zum Joggen oder für einen flotten Spaziergang.

17 Der Botanische Garten

Weltreise im Zeitraffer

Schaut man nicht gerade nach oben, wenn man die Lorrainebrücke überquert, übersieht man die bronzene Antilope, die sich seit Jahrzehnten auf dem Eingangstor räkelt. Sie weist mit ihrem Kopf in Richtung des Botanischen Gartens, als wolle sie darauf hinweisen, dass sich unter den Tausenden Pflanzenarten aus aller Welt auch welche aus ihrer Heimat befinden.

Auf einer Fläche von fast 25.000 Quadratmetern begibt man sich im Zeitraffer auf eine botanische Reise um die Welt. Von der Treppe am Haupteingang an der Lorrainebrücke ist es nur ein Katzensprung ins Alpinum, wo man innerhalb von wenigen Minuten vom Himalaya über die Rocky Mountains zum Balkan und in die Pyrenäen reist und schliesslich in den Schweizer Alpen landet. Unterwegs trifft man auf eine Sammlung von über 1.500 Gebirgspflanzen, die dank der günstigen Lage an der Sonnenseite zur Aare prächtig gedeihen. Nicht weit vom Alpinum liegt der nach bernischem Muster angelegte Bauerngarten mit 220 Nutz- und Heilpflanzen, die in der medizinischen Wissenschaft verwendet werden. Dank diverser Duftpflanzen in Kübeln taucht man oberhalb des Gartens in der «Duftoase» in einen Ort der Sinne und Düfte ein.

Herrliche Stille herrscht im Waldgarten beim Seerosenteich unter den alten Bäumen aus der Gründerzeit des Botanischen Gartens im Jahr 1858. Den Teich ziert die bronzene Brunnenfigur «La Doccia» des Tessiner Künstlers Raimondo Pereda aus dem Jahr 1883. Oberhalb vom Waldgarten blühen Rhododendren aus China und Japan. Einen Hauch Afrika versprüht die Terrasse vor dem Farnhaus mit Stauden, Zwiebel- und Kübelpflanzen vom Schwarzen Kontinent. Spuren der mehrere Millionen Jahre alten Fauna Australiens und Neuseelands in den prächtigsten Farben bieten in der gleichnamigen Anlage ein Fest für die Augen. Tropische und subtropische Pflanzen befinden sich im Farn-, Mittelmeer-, Orchideen-, Sukkulenten- und Tropenhaus.

Adresse Altenbergrain 21 (Haupteingang Lorrainebrücke), 3013 Bern, Tel. +41(0)31/6314945 | **ÖV** Bus 20 bis Haltestelle Gewerbeschule, zu Fuss 10 Minuten über die Lorrainebrücke | **Öffnungszeiten** täglich, Schauhäuser 8–17 Uhr, Gartenanlage April–Okt. 8–21 Uhr, Nov.–März 8–17 Uhr | **Tipp** Geniessen Sie die Idylle des Botanischen Gartens bei einer Tasse Kaffee mit Blick auf die Aare im Café Fleuri beim Sukkulentenhaus (April–Okt. täglich 9.30–17.30 Uhr geöffnet).

18 Das Café Kairo

Hier herrscht Weltfrieden

Das Gebäude – eine Kombination aus dunklem Holz und viel Glas – fällt einem schon von Weitem ins Auge. Eigentlich sieht es aus wie ein Glashaus mit riesigen Holzerkernen auf beiden Seiten. Zweifarbig prangen die fünf Buchstaben «KAIRO» untereinander auf der Glasfassade, hinter der man das Treppenhaus und jede Menge eingetopfte Palmen erkennt. Kairo ist nicht nur die Hauptstadt Ägyptens, sondern als Café auch der Mittelpunkt der Lorraine. Im Café Kairo wird seit dem 19. September 1998 gegessen, getrunken, diskutiert und gefeiert. Im Veranstaltungskeller finden Theateraufführungen, Lesungen, Konzerte und Shows mit namhaften Künstlern, aber auch mit Dilettanten aus aller Welt statt. Kairo ist bunt, Kairo ist exotisch – wie die Stadt, so das Café.

«Der Name kommt einerseits aus dem Film ‹Der Malteser Falke›, in dem Peter Lorre den oberfiesen Gangster Mister Kairo spielt, andererseits von der schönen Stadt in Ägypten, aber auch aus dem Roman von Heimito von Doderer ‹Die Strudelhofstiege› aus Wien um 1900, wo das Café Kairo eine Spelunke der verkommenen Art war», so Wirtin Trine Pauli, die das Kairo zusammen mit dem Koch Mischu Graf und Christian Pauli, dem Veranstalter, gründete. Dahinter stand die Idee, in dem seit 1998 genossenschaftlich bewohnten Haus im Gewerberaum einen Kultur- und Begegnungsort beziehungsweise «die Quelle des Weltfriedens zu schaffen», so das Trio.

Das Kairo soll ein Ort sein für freundliche, friedliche, interessierte und interessante Menschen jeden Alters. Und das sind genau diejenigen, die sich in dem ungewöhnlichen Café mit den roten Stühlen und grünen Tischen, den Ofen- und Heizungsrohren an Wänden und Decken, Bücherregalen und bunt gestickten und gerahmten Bildern an den Wänden tummeln. Dort, wo eine familiäre, meist fröhliche Stimmung herrscht und gutes, frisch zubereitetes Essen aus Produkten der Gegend serviert wird.

Adresse Dammweg 43, 3013 Bern, Tel. +41(0)31/3302625, www.cafe-kairo.ch | **ÖV** Bus 20 bis Haltestelle Lorraine | **Öffnungszeiten** Mo–Fr 9–0.30 Uhr, Sa 10–0.30 Uhr, So 16–19 Uhr | **Tipp** Haben Sie etwas, das abgeschnitten werden muss? Bei Schnittpunkt in der Lorrainestrasse 2 werden Haare und Stoffe geschnitten

19 Die Caffè-Bar Sattler

Dolcefarniente im Länggass-Quartier

Betritt man die Caffè-Bar, fühlt man sich sogleich wie in Italien. Das gleiche Ambiente, die gleiche Hektik, das gleiche chaotische Treiben. Kaffeetassen und Gläser klimpern, der Geruch von Espresso hängt in der Luft, Bedienungen schlängeln sich mit runden Tabletts in den Händen zwischen den Gästen hindurch, die an der Bar stehen und auf einen freien Tisch warten.

Zusammen mit der Gelateria di Berna, die sich im Hinterhof der ehemaligen Sattlerei eingerichtet hat, verbreitet die Caffè-Bar mit den Panini und dem italienischen Kaffee einen Hauch Italianitá in der Länggasse. Mit Absicht wurde für das Café deshalb auch die italienische Schreibweise Caffè gewählt. Der breite Gehweg, der einer kleinen Dorf-Piazza gleicht, tut sein Übriges. Ganz besonders, wenn während der warmen Jahreszeit hellblaue und pinkfarbene Tische und Stühle vor den grossen Fenstern der Bar aufgestellt werden, die schon am Morgen mit Espresso und Cappuccino trinkenden Zeitungslesern besetzt sind.

Für Geschäftsführer Micha Flach und seine Freunde hat sich ein Traum erfüllt, als sie das Café 2010 zusammen als GmbH mit 15 Personen eröffneten. Bevor sie die alte Sattlerei fanden, war die Gruppe bereits mehrere Jahre lang auf der Suche nach geeigneten Räumlichkeiten.

Der Zeitpunkt war perfekt, denn im Jahr vor der Gründung der Caffè-Bar wurde der Neufeldtunnel eröffnet, der die Länggasse stark vom Durchgangsverkehr entlastete und die Mittelstrasse so zum Mittelpunkt des Quartiers machte. Ähnlich wie die Stammbars der Italiener in Mailand, Florenz oder Rom ist die Caffè-Bar Sattler für ihre Stammgäste zum Ausgangs- und Endpunkt des Tages geworden. Man liest Zeitung, trifft Freunde, tauscht Neuigkeiten aus und verweilt bei einem Espresso. Dass sich in der Bar einmal eine Sattlerei befand, daran erinnert heute nur noch der Schriftzug an der breiten Fensterfront.

Adresse Mittelstrasse 15, 3012 Bern, Tel. +41(0)31/5080865, www.caffebarsattler.ch | ÖV Bus 20/102/104 bis Haltestelle Mittelstrasse | Öffnungszeiten Mo–Fr 7–23 Uhr, Sa 8–23 Uhr, So 9–18 Uhr | Tipp Im Frühling und Sommer unbedingt das Eis der Gelateria di Berna probieren – es soll das beste in ganz Bern sein! Im Winter gibt es kein Eis, dafür findet jeden zweiten Dienstag im Monat ein Konzert im Sattler statt.

20_Casita

Ein Hotel für zwei Personen

Hélène und Daniel Lüthi wissen, wie es ist, wenn man auf schlechten Matratzen schläft und die Gastfreundschaft fehlt. Das haben sie im Laufe von 30 Jahren auf ihren ausgiebigen Reisen durch Europa, Indien und Lateinamerika immer wieder erfahren. In ihrer Casita, dem kleinsten Hotel Berns, wollten sie es anders machen. Die beiden wissen, was es braucht, um sich an einem fremden Ort zu Hause zu fühlen. Das kleine Gebäude aus dem Jahr 1936 blickt auf eine lange Geschichte zurück. Ursprünglich diente es einem Schreiner als Werkstatt und Lager. Irgendwann wurde das Häuschen mit Waschtrog und Wäscheleinen versehen und als kommerzielles Waschhaus genutzt. Später (miss-)brauchte es ein Pfarrer als Abstellplatz für sein Auto.

Zu schade für dieses Bijou, dachten die Lüthis, als sie 1996 am Schwalbenweg ein Reihenhaus kauften. Die Garage gegenüber gehörte dazu, sie machten diese zum Lokal GARAGE und eröffneten sie zur Fussballweltmeisterschaft 1998. Mit einem alten Fernseher und einer Bar ausgestattet, wurde es bald zum beliebten Treffpunkt im Quartier. Zwischen 1998 und 2013 folgten neben diversen Ausstellungen mehrere Piano-Bars, wobei die Piano-Bar III zur Legende wurde: Im Mai 2011 spielten zwischen fünf Uhr abends und zwei Uhr morgens auf zwei Etagen rund 20 professionelle Pianisten. Damals diente das Obergeschoss einer Musikerin als Atelier. Ihren Flügel hatte sie von einem Auslegekran über mehrere Grundstücke hinweg auf die Dachterrasse des kleinen Gebäudes fliegen lassen.

2013 wurde das GARAGE renoviert und zum Hotel umgebaut. Im März 2014 öffnete es als «Casita – Ihr Zuhause in Bern» seine Tore. Allein oder zu zweit verfügt man über einen Wohnraum mit Teeküche, ein wunderschönes Schlafzimmer im Obergeschoss – mit den Möbeln eines lokalen Designers – und eine lauschige Dachterrasse mit Blick ins Grüne und über das Quartier.

Adresse Schwalbenweg 6a, 3012 Bern, Tel. +41 (0)79/2606612, www.casita-bern.ch | ÖV Bus 20 bis Haltestelle Länggasse, dann 2 Minuten Fussweg | Tipp Dreimal pro Jahr bleibt die Casita für Hotelgäste während einer Woche geschlossen und wird als Galerie für ausgewählte Künstler genutzt. Eine Entdeckung – so oder so. Lust auf leckeres Essen? Im «Tulsi» in der Freiestrasse 65 gibt köstliche indische Gerichte, auch vegetarisch und vegan.

21 Der Chutzenturm

Wanderung auf dem Frienisberg

Holen Sie Ihre Wanderschuhe heraus oder bringen Sie Ihr Fahrrad auf Vordermann und machen Sie eine Tour zum schönsten Aussichtsturm im Kanton Bern. Steil hinauf, ein Stück geradeaus und wieder steil hinauf geht es auf einsamen Waldwegen zum höchsten Punkt des Frienisbergs, der nordwestlich der Bundesstadt liegt. Unter der Woche ist hier kaum ein Mensch unterwegs. Pfeile weisen auf den Chutzenturm hin, den man vor lauter Bäumen gar nicht sieht. Erst auf den letzten paar Metern lugt das obere Stück des Turmes hinter den Tannen hervor, und Sekunden später steht man plötzlich vor der imposanten Holzkonstruktion mit der zickzackförmigen Treppe.

Je höher man hinaufsteigt, desto kräftiger pustet der Wind und desto lauter hört man das Rauschen der Tannen. 234 Treppenstufen sind es bis zur oberen Plattform auf 40 Metern Höhe. Bei klarer Sicht bietet sich hier oben ein überwältigender Blick über einen grossen Teil des Kantons. Im Norden über den Jurabogen und das Seeland, im Süden ragen die Hochhäuser Berns sowie Eiger, Mönch und Jungfrau in den Himmel. Bei besonders guten Wetterverhältnissen reicht die Sicht sogar bis zum Mont Blanc im benachbarten Frankreich.

Der Chutzenturm steht auf dem Frienisberg in Seedorf. Errichtet wurde der 45 Meter hohe Turm im Frühjahr 2010 in nur sieben Wochen. Vier Baumstämme, 100 Jahre alte Douglasien aus der Umgebung, bilden die Hauptpfeiler. Lediglich die Stufen, auf denen die Namen der Sponsoren stehen, sind aus Eichenholz. Der Turm ist auf 15, 30 und 40 Metern mit Plattformen ausgestattet, auf denen sich Tische und Bänke befinden, die zum Picknick einladen. Wer nicht ganz schwindelfrei ist und es nicht auf 40 Meter hinaufschafft, kommt bei der Aussicht trotzdem nicht zu kurz, denn die unteren Plattformen geben einen herrlichen Blick über kleine Dörfer, Felder, Wiesen, Kühe und Bauernhöfe frei.

Adresse Frienisberg in der Gemeinde Seedorf, 3267 Bern | **ÖV** Postautolinie 105 Bern – Lyss ab Hauptbahnhof Bern bis Frienisberg, circa 25 Minuten Fahrzeit | **Anfahrt** Autobahn E 25, Ausfahrt 6 Richtung Aarberg, ab Seedorf ist der Chutzenturm ausgeschildert, Parkplatz Försterstein oberhalb des Dorfes Frienisberg, von dort zu Fuss circa 25 – 30 Minuten | **Tipp** Hunger nach der Wanderung? In Seedorf steht das Schlemmer-Restaurant Kreuz mit Kinderspielplatz, Kinderspielzimmer, beheiztem Terrassenpavillon und integrierter Pizzeria.

22 Das Cinématte

Augenschmaus im wahrsten Sinne des Wortes

Im alten Gebäude der Stadtmühle Schenk, das direkt an der Aare liegt, steht seit 1995 alles im Zeichen von Film- und Kulinarik. Dort, wo früher Mehl gemahlen wurde, stehen heute bequeme Chesterfield-Sofas. Wo das Korn lagerte, werden Filme gezeigt. Für die Mühle war die Lage am Fluss im frühen 19. Jahrhundert ideal. Die Wasserkraft diente ihr für den Antrieb von Maschinen, die Schiffe für den Transport. Heute lockt die unmittelbare Sicht auf das Wasser das Publikum in die einzigartige Kombination aus Kino, Bar und Restaurant.

Das Kino, das vom Kulturverein Cinématte geführt wird, möchte das Interesse an der europäischen und vor allem der schweizerischen Filmkultur fördern. Auf dem Programm stehen Arthouse- und Studiofilme, Schweizer Filme sowie künstlerisch wertvolle Filme, die von den grossen Kinos als nicht gewinnbringend eingestuft werden. Daneben bilden verschiedene «Specials» wie zum Beispiel eine Kurzfilmnacht oder Filme des Queersicht-Festivals einen wichtigen Teil des Programms.

Im Juli und August läuft im Rahmen des Kino-Sommers das Wunschfilmprogramm, bei dem Kinobegeisterte ganzjährig auf der Website der Cinématte ihre Wunschfilme nennen können. Sofern es in der Schweiz eine verfügbare Kopie sowie einen Rechteinhaber des jeweiligen Films gibt und dieser auch in die Programmstruktur passt, wird er in die Votingliste aufgenommen.

Unabhängig von einem Kinobesuch bietet die Cinématte an bestimmten Abenden zu festen Zeiten das Überraschungs-Dreigangmenü «Mahl-Zeit» an, für das ausschliesslich Schweizer Produkte verwendet werden. An welchen Tagen das schmackhafte Menü auf dem Programm steht, erfahren Sie drei Wochen vorab auf der Website.

Für den kleinen Hunger vor oder nach dem Kinobesuch werden an der Bar Snacks serviert. Die umfangreiche Weinkarte enthält ausnahmslos Weine aus dem eigenen Land, darunter einige Spezialitäten und Raritäten.

Adresse Wasserwerkgasse 7, 3011 Bern, Tel. +41(0)31/3122122, www.cinematte.ch | ÖV Bus 12 bis Haltestelle Nydegg, dann zu Fuss über die Nydeggbrücke beziehungsweise den Nydeggstalden zur Mattenenge hinunter oder mit dem Mattelift an der Münsterplattform bis zur Badgasse | Öffnungszeiten Keine festen Öffnungszeiten. Über das jeweils aktuelle Programm informiert die Website circa drei Wochen vorab, Reservierung online. | Tipp Das Kulturlokal ist auch auf private und geschäftliche Anlässe wie Seminare und Feste für bis zu 100 Personen spezialisiert.

23 Die Dalmazibrücke

Der fast perfekte Aussichtspunkt

Von Bergen und Türmen einmal abgesehen sind Brücken die besten Aussichtspunkte. In Bern führen 17 Brücken über die Aare – Eisenbahn- und Autobahnbrücken nicht mit eingerechnet. Eine der schönsten ist die Kirchenfeldbrücke. Sie ist knapp 230 Meter lang und wurde im September 1883 nach 21 Monaten Bauzeit eingeweiht. Auf ihre elegante Eisenkonstruktion mit den beiden 37 Meter hohen Rundbögen hat man von der benachbarten, weit niedriger liegenden Dalmazibrücke eine herrliche Sicht.

Die kleine Dalmazibrücke verbindet das idyllische, ländlich anmutende Marziliquartier mit dem Kirchenfeld. Sie wurde 1872 als Eisenbrücke gebaut, jedoch 1958 durch die jetzige Betonbrücke ersetzt. Unter ihr befand sich einst die Akademische Badeanstalt, die bei ihrer Eröffnung 1822 das erste öffentliche Schwimmbad der Schweiz mit einem künstlichen Badebecken war. Gespeist wurde es mit dem Wasser aus der Aare. Europaweit besass nur Hamburg ein älteres Schwimmbecken. Die Badeanstalt musste 1957 allerdings einer Grünanlage weichen.

Woher die Dalmazibrücke ihren Namen hat, ist nicht bekannt. Steckt Dalmatien hinter diesem Namen? Hat ihn ein Schweizer Söldner als Dalmazia aus dem östlichen Küstenland des adriatischen Meeres mitgebracht? Zumindest soll Dalmatien 1652 in Akten erwähnt worden sein. Ebenso unbekannt ist, woher der Name Marzili stammt. Urkundlich wurde er erstmals 1328 als «Marsili» erwähnt. Nach einer Legende sollen ihn aus Marseille vertriebene Hugenotten mitgebracht haben. Das ist jedoch unwahrscheinlich, denn die Hugenotten wurden erst ab dem frühen 16. Jahrhundert aus Frankreich vertrieben. Glaubt man Quellen, wurde das Quartier nach einer Person namens Marsilius benannt. Zumindest ist der Name in Bern urkundlich belegt. Im 19. Jahrhundert wurde Marzili kurzzeitig umgeändert in Aarziele, da die Aare unmittelbar am Quartier vorbeifliesst.

Adresse Aarstrasse, 3011 Bern | **ÖV** Marzilibahn ab Bundesterrasse oder zu Fuss über den Bundesrain | **Tipp** Bewegung tut gut! Spazieren Sie an der Aare entlang ins Mattequartier – auch dort finden Sie einige der 111 Orte.

24 Das DracheNäscht

Spielen macht glücklich – nicht nur Kinder!

Angefangen hat alles vor über 30 Jahren, als sich Drachenbauer, Spieleerfinder und Spielwütige suchten und fanden. Die einen besassen bereits einen Drachenladen in einem Keller an der Münstergasse, die anderen hatten gerade erste eigene Spiele im Verlag Fata Morgana lanciert, und die dritte Gruppe, die Spielwütigen, traf sich regelmässig in Lokalen zu Spielabenden. Eines Tages taten sie sich zusammen, zwängten sich in den Altstadtkeller und eröffneten im Juni 1985 das DracheNäscht, das sich in null Komma nix zu einem angesagten Fachgeschäft und Geheimtipp für Drachenfans und Spielinteressierte entwickelte.

Der Keller wurde bald zu klein, und das DracheNäscht wurde in die Rathausgasse verlegt, wo es seit 2004 mit einem riesigen Sortiment auf zwei Etagen vertreten ist. Aus dem kleinen Kellerladen ist so innerhalb von wenigen Jahren einer der grössten Spielläden Europas geworden.

Von der Decke hängen Drachen in allen Grössen und allen Farben des Regenbogens. Kinder- und Lenkdrachen für Einsteiger und Profis. Die Regale sind vollgestopft mit Spielen. Man hat die Qual der Wahl, denn bei einem Angebot von über 2.000 Spielen bleiben keine Wünsche offen. In den Gestellen stehen und liegen Sammelkarten, unzählige Puzzles, Geduldspiele, Experimentier- und Zauberkästen, Knobeleien, Jongliermaterial und T-Shirts mit aussergewöhnlichen Motiven aus der Welt der Spiele und Comics. Im Untergeschoss befindet sich eine grosse Auswahl an Comics, Graphic Novels, Cartoons und Mangas in deutscher, französischer und englischer Sprache.

Spielen macht glücklich, und diese Freude wollen die Mitarbeiter des DracheNäschts vermitteln. Es geht kein Spiel über den Ladentisch, das sie nicht selbst gespielt und getestet haben. Lediglich Computernerds kommen nicht auf ihre Kosten, denn was man hier nicht findet, sind PC- und Konsolen-Spiele.

Adresse Rathausgasse 52, 3011 Bern, Tel. +41(0)31/3112657 | ÖV Bus 10, Tram 7/8/9 bis Haltestelle Zytglogge | Öffnungszeiten Mo – Fr 9.30 – 18.30 Uhr, Do bis 21 Uhr, Sa 9 – 17 Uhr | Tipp Aussergewöhnlichen Schmuck aus Federn finden Sie im Federschmuck-Atelier von Felix Höfler in der Rathausgasse 36.

25 Das Einstein-Haus

Hier tüftelte Einstein an der Relativitätstheorie

Als Albert Einstein in den Jahren 1903 bis 1905 in der Kramgasse wohnte, war er Beamter beim Schweizer Patentamt. Er selbst nannte seine Stelle «technischer Experte dritter Klasse». In einem Brief an einen Freund schrieb er: «Mir geht es gut. Ich bin eidgenössischer Tintenscheisser mit ordentlichem Gehalt. Daneben reite ich auf meinem alten mathematisch-physikalischen Steckenpferd und fege auf der Geige – beides in engen Grenzen, welche mir mein zweijähriger Bubi für derlei überflüssige Dinge gesteckt hat.» In diesen «engen Grenzen» verfasste er die erste Abhandlung über die Relativitätstheorie. Heute befindet sich in der kleinen Wohnung im zweiten Stock ein Museum, das in Bildern, Dokumenten und Möbeln Einsteins Berner Zeit dokumentiert.

Einstein war kurz nach seiner Heirat mit der aus Serbien stammenden Mileva Marić in die Wohnung in der Kramgasse gezogen. Die beiden hatten sich während des Studiums an der ETH Zürich kennengelernt. Die hochbegabte Mileva war eine der ersten Frauen, die sich an der ETH für Mathematik und Physik immatrikulierten. Im Gegensatz zu ihr fiel Einstein während der Vorlesungen nicht durch Wissen, sondern durch seine häufige Abwesenheit auf. Schlechte Noten versperrten ihm schliesslich die Aussicht auf eine Assistentenstelle an der ETH, die er 1900 mit dem Diplom Fachlehrer für Mathematik und Physik verliess. Er hielt sich als Hauslehrer über Wasser, bis ihm sein Freund und Studienkollege Marcel Grossmann eine Stelle beim Patentamt in Bern verschaffte.

Milevas Karriere war zu Ende, als ihr Sohn Hans Albert 1904 geboren wurde. Es wird spekuliert, dass sie an Einsteins Arbeiten mitgewirkt habe, zumal er ihr das Preisgeld des Nobelpreises zukommen liess – zu dem Zeitpunkt waren sie bereits geschieden.

2005 wurde Mileva Marić in Zürich von der ETH und der Gesellschaft zu Fraumünster als «Mitentwicklerin der Relativitätstheorie» geehrt.

Adresse Kramgasse 49, 3000 Bern, Tel. +41(0)31/3120091, www.einstein-bern.ch | **ÖV** Bus 10, Tram 7/8/9 bis Haltestelle Zytglogge | **Öffnungszeiten** Mo – So 10 – 17 Uhr | **Tipp** Einen umfangreichen Einblick in das Leben Einsteins und seine wissenschaftliche Arbeit gewährt das Einstein-Museum im Historischen Museum am Helvetiaplatz.

26 Die Energiezentrale Forsthaus

Blick hinter die Kulissen der Pionieranlage

In Form und Grösse ähnelt sie einem riesigen Containerschiff. Nur dass sie aus Beton ist und im Wald vor den Toren der Stadt ankert. Die 310 Meter lange Energiezentrale wurde im März 2013 eröffnet und ist aufgrund ihrer Kombination aus Kehrichtverwertungsanlage, Holzheizkraftwerk sowie Gas- und Dampf-Kombikraftwerk europaweit einmalig in der nachhaltigen Energiegewinnung. Einmalig ist auch das Besucherzentrum, mit dem eine interaktive Wissensplattform geschaffen wurde. Auf 360 Quadratmetern lernen Besucher Geschichte und Zusammenhänge der Energieversorgung kennen und erfahren, wie die Energiezentrale funktioniert.

Wie es hinter den Kulissen aussieht, vermittelt eine Führung durch das Innere des Betonschiffes. Durch die Bullaugen an den Wänden eines 310 Meter langen Ganges sieht man, wie die Dampf- und Gasturbinen arbeiten und Energie erzeugen. Am Ende des Ganges geben riesige Fenster den Blick auf Müllautos frei, die Abfall in den Kehrichtbunker entladen, der ein Fassungsvermögen von 8.000 Tonnen hat. Mit einem Fahrstuhl geht es auf 21,60 Meter in die Kommandozentrale hinauf, wo die Energiegewinnung auf Monitoren überwacht wird.

Durch eine verglaste Wand sieht man den turmhohen Müllberg im Kehrichtbunker. Ein Krangreifer, der einem Riesenkraken gleicht, umschlingt sechs Tonnen Müll und füllt ihn in den Trichter, der zum Ofen führt, wo er bei 1.000 Grad Celsius verbrannt wird. Die Abgase heizen das Wasser in den Rohren auf und erzeugen Dampf. Dieser produziert in einer Turbine zuerst Strom und dann heisses Wasser, das ins Fernwärmenetz eingespeist wird. Auch bei der Verbrennung von Holz im HHKW und von Erdgas im GuD entstehen Dampf und Fernwärme. Am Ende der Führung erhält man einen Einblick in den Bauch des Betonschiffes, wo sich die drei Kraftwerke befinden.

Adresse Murtenstrasse 100, 3008 Bern, Tel. +41(0)31/3219690 | ÖV Postbus 101 bis Haltestelle Forsthaus | Öffnungszeiten Bzgl. Führung tel. anfragen, Mo–Fr 10–12 und 13–17 Uhr | Tipp Gehen Sie nach der Besichtigung der Energiezentrale zum Essen oder auf einen Kaffee ins Restaurant Noa in der Murtenstrasse 143a. Dort können Sie in luftiger Höhe schlemmen!

27 Das Fischerstübli

Die Seele der Matte

Die Katze mit dem Fisch im Maul über dem Eingang ist nicht zu übersehen. Das runde Schild ist seit 1992 Logo des Restaurants und weist darauf hin, dass es auch der Katze im Fischerstübli gut schmecken würde.

Ende des 15. Jahrhunderts war das Fischerstübli das erste Wirtshaus an der Gerberngasse. Seinen heutigen Namen soll es allerdings erst 1876 erhalten haben. Damals war die Matte noch Hafenviertel. Schiffer, Flösser und Berufsfischer kehrten zu Mittag oder nach der Arbeit gern in der Beiz ein, die bald zur Seele des Mattequartiers wurde.

In den 1970er Jahren war das Fischerstübli beliebter Treffpunkt der «Mätteler» und Sportfischer, heute trifft sich dort ein breit gefächertes Publikum aus Geschäftsleuten, Handwerkern, Künstlern, Politiker und Touristen.

Im Laufe der Jahrhunderte hatte das Fischerstübli unzählige Wirte und Wirtinnen. Im Dezember 2019 übernahmen Lea Steinmann und ihr Partner Sébastien Arnoux das Zepter. Beide kommen aus der Gastronomie und haben sich bei der Arbeit im Kanton Neuenburg kennengelernt. Kaum zusammen, träumten die junge Berner Servicefachangestellte und der Chef de Cuisine aus dem Burgund auch schon gemeinsam von einem eigenen Restaurant im Raum Bern. Nach längerer Suche stiessen sie auf das Fischerstübli, das auf neue Wirte wartete. Beide verliebten sich auf den ersten Blick in das Lokal, das mit seinem authentischen, gemütlichen und charmanten Charakter ganz ihren Wünschen und Vorstellungen entsprach.

Mit Ausrichtung auf biologische und frische Produkte offeriert das Fischerstübli eine feine, liebevoll zusammengestellte abwechslungsreiche Karte. Die Spezialität des Restaurants ist eine grosse Auswahl an Tatars, welche die Gäste rund um die Welt führt und auch eine Fisch- und Vegi-Variation umfasst – stets auf der Suche nach Neuigkeiten. Davon zeugt auch das Label «fait maison». Ganz im Sinne der Katze!

Adresse Gerberngasse 41, 3011 Bern, Tel. +41 (0)31/3110304, www.fischerstuebli.ch | **ÖV** Bus 12 bis Haltestelle Nydegg, dann 6 Minuten Fussweg | **Öffnungszeiten** Di–Do 10–14.15 und 17.30–23 Uhr, Fr 10–14.30 und 17.30–23.30 Uhr, Sa 11–14.30 und 17.30–23.30 Uhr | **Tipp** Sgraffito in der Mattenenge 3. Die Stadtszene von Hans Alexander Fischer zeigt, wie einst das rege Treiben im Hafenviertel ausgesehen haben mag.

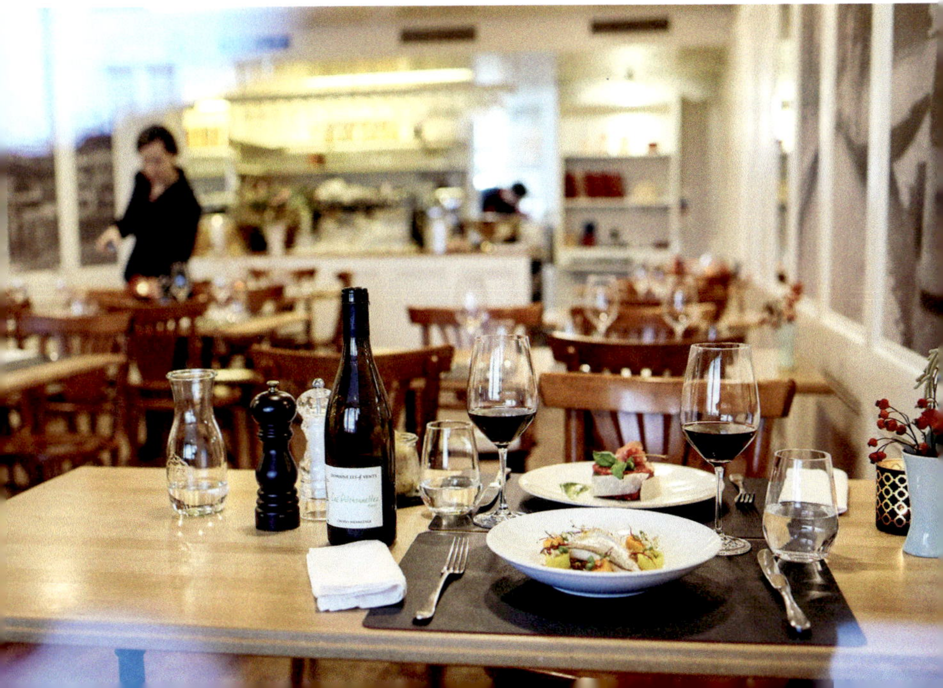

28 Die Französische Kirche

Zufluchtsort der Hugenotten

Die älteste Kirche der Stadt wurde von 1270 bis 1285 für das 1269 gegründete Dominikanerkloster erbaut. Auf die über 100 Meter lange südliche Klostermauer malte der Künstler Niklaus Manuel in den Jahren 1516 bis 1519 sein berühmtestes Werk «Berner Totentanz», das beim Abbruch der Mauer 1660 allerdings zerstört wurde. Papierkopien des Totentanzes, die der Maler Albrecht Kauw 1649 anfertigte, befinden sich im Historischen Museum. Das Kloster wurde 250 Jahre später abgerissen, die Dominikaner hatten es wegen der Reformation bereits 1527 verlassen. Chor und Schiff der Kirche wurden 1528 durch eine Mauer getrennt und fast 100 Jahre lang als Getreidespeicher und Weinkeller genutzt. Mit der Gründung einer reformierten französischen Gemeinde fanden in der Kirche ab 1623 Gottesdienste in französischer Sprache statt.

Als Ludwig XIV. 1685 mit dem Edikt von Fontainebleau den Protestanten (Hugenotten) die Bürgerrechte nahm, setzte eine Massenflucht derselben in protestantisch dominierte Gebiete ein. Die ehemalige Dominikanerkirche wurde zum Berner Zentrum der protestantischen Exulanten aus Frankreich.

Prunkstück ist das monumentale Jüngste Gericht aus dem Jahr 1450 an der Triumphbogenwand, das zum Wandschmuck der ehemaligen Klosterkirche gehört. Während der Reformation wurde das Bild übermalt und erst Jahrhunderte später wieder freigelegt. An der Lettnerwand befinden sich Malereien aus dem Jahr 1495, die statt einer Signatur an drei Stellen ein Zeichen mit je einer roten und einer weissen Nelke tragen. Im späten 15. Jahrhundert haben viele Werkstätten ihre Arbeiten mit Nelken gezeichnet. Die Maler wurden später als Nelkenmeister bezeichnet, ihre Namen sind jedoch nicht bekannt.

Das Gebäude dient noch heute der französischsprachigen reformierten Kirchgemeinde und wird häufig von Berner Chören zu Aufführungen genutzt.

Adresse Predigergasse 3 (Ecke Zeughausgasse), 3011 Bern, Tel. +41(0)31/3123936 | **ÖV** Bus 10, Tram 7/8/9 bis Haltestelle Zytglogge | **Öffnungszeiten** Mo–Fr 9–11 sowie 14–17 Uhr, Sa 10–15 Uhr | **Tipp** Erkunden Sie diese und andere Berner Kirchen wie die Dreifaltigkeitskirche und die Kirche Sankt Peter und Paul bei einem geführten Kirchenspaziergang (www.bern.com unter dem Punkt «Sehenswürdigkeiten»).

29 Der Gegenlauf im Fluss

Wo der Stadtbach rückwärts fliesst

Statt abwärts fliesst der Stadtbach in einem kurzen Teilstück an der unteren Gerechtigkeitsgasse aufwärts. So scheint es zumindest, so sieht es das Auge. Schaut man in die drei offen gelegten Abschnitte des im 13. Jahrhundert künstlich geschaffenen Bachs, fliesst das Wasser rechts und links abwärts, im mittleren Abschnitt jedoch aufwärts. Eine optische Täuschung? Keineswegs. Der Bach wird in einer unterirdischen, nicht sichtbaren Schlaufe so umgeleitet, dass er auf einer kurzen Strecke rückwärts fliesst. Eine zweite Schlaufe lässt das Wasser anschliessend wieder abwärts fliessen. Die kleine Umleitung ist das Ergebnis eines Wettbewerbs zur Neugestaltung der Einfahrt zur Gerechtigkeitsgasse am Ende der Nydegggasse aus dem Jahr 2005.

Die Teilnehmer des Wettbewerbs (sechs Kunstschaffende) sollten eine Intervention finden, die dem unteren Eingang zur Gerechtigkeitsgasse den Charakter eines Portals zur Altstadt geben und zudem den Zweck des Brunnens in einem übertragenen Sinn erfüllen sollte.

Dem Berner Künstler Martin Beyeler gelang dies mit seinem Projekt «Gegenlauf im Fluss», er entschied den Wettbewerb für sich. «Die eher unauffällige Idee überzeugt durch den geringen materiellen Aufwand und die dennoch irritierende Wirkung. Die Jury sieht das Projekt als diskrete Irritation des gesunden Menschenverstands, die sich ohne grossen Eingriff ins Stadtbild manifestiert», so eine Medienmitteilung der Stadt Bern im Juni 2005.

Martin Beyeler versteht sein Projekt als Denkanstoss. Der aufwärts fliessende Bach soll die Altstadtbesucher zum Verweilen und Nachdenken einladen. Nur, vor Ort gibt es weder eine Tafel noch eine Inschrift, die auf den rückwärts fliessenden Teil des Stadtbachs hinweisen. Schaut man in den Stadtbach, wenn man nicht weiss, dass es dort auf einem kurzen Abschnitt eine kleine Sensation gibt? Eben! Wer es nicht weiss, läuft daran vorbei.

Adresse an der unteren Gerechtigkeitsgasse, 3011 Bern | **ÖV** Bus 12 bis Haltestelle Nydegg | **Tipp** Auf der Suche nach einem Geschenk? Schräg gegenüber in der Gerechtigkeitsgasse befindet sich die Boutique Nelli. In der ältesten Boutique Berns werden Sie garantiert fündig!

30 Das Gertrud-Kurz-Wohnhaus

Erinnerung an die Flüchtlingsmutter

Dass sie einmal als «Flüchtlingsmutter» in die Schweizer Geschichte eingehen würde, daran hat die Tochter eines Appenzeller Textilfabrikanten wahrscheinlich nicht einmal im Traum gedacht, als sie 1910 eine Haushaltungsschule besuchte, um sich auf die standesgemässe Rolle als Ehefrau, Hausfrau und Mutter vorzubereiten. Nach ihrer Heirat mit dem Naturwissenschaftler Albert Kurz und der Geburt ihrer drei Kinder begann Gertrud Kurz sich sozial zu engagieren. Ihr Haus am Sandrain wurde Anlaufstelle für die Aussenseiter der Gesellschaft. 1931 hatte sie erste Kontakte zur französischen Friedensbewegung der «Kreuzritter», wurde aktives Mitglied und nur wenige Jahre später zu einer ihrer prägenden Figuren.

Als in den Wochen nach der Reichskristallnacht (November 1938) die ersten jüdischen Flüchtlinge in Bern eintrafen, wurde Kurz aktiv und organisierte für sie alle eine Weihnachtsfeier in der Stadt. Sie gründete die Kreuzritter-Flüchtlingshilfe, die sie von ihrem Haus aus leitete, das schnell zu einem Sammelbecken für Einwanderer aus Deutschland wurde. Gertrud Kurz wurde in ihrer Tätigkeit primär von religiöser Nächstenliebe geleitet. So war es ihr wichtig, den Flüchtlingen einen Ort der Liebe und Geborgenheit zu schaffen. Die Flüchtlinge, Behördenmitglieder und Freunde nannten sie «Mutter Kurz».

Gertrud Kurz war bis zu ihrem Tod 1972 in der Flüchtlingshilfe und Friedensarbeit aktiv. 1958 erhielt sie den Ehrendoktortitel der Theologischen Fakultät der Universität Zürich und wurde Anfang der 1960er Jahre zweimal für den Friedensnobelpreis nominiert. 1992 wurde sie als erste Frau mit einer Eidgenössischen Gedenkmünze geehrt. Nach ihrem Tod wurde die Stiftung Gertrud Kurz ins Leben gerufen, die versucht, den Geist und die Werte ihrer Namensgeberin zeitgemäss umzusetzen. Die Stadt Bern würdigte das Engagement ihrer Bürgerin mit einem nach ihr benannten Weg.

Adresse Sandrainstrasse 50, 3007 Bern | ÖV Bus 19 bis Haltestelle Wander (7 Minuten Fussweg) | Öffnungszeiten Das Wohnhaus kann nur von aussen besichtigt werden. | Tipp Schauen Sie sich den Gertrud-Kurz-Weg in der Nähe des Paul-Klee-Zentrums an.

31 Das Gespensterhaus

Spuk in der Altstadt

Um das unbewohnte Haus, das unauffällig zwischen zwei Gebäuden in der Junkerngasse liegt, ranken sich zahlreiche Spukgeschichten. Wagemutige junge Leute, sagt man, hätten es einmal gewagt, in dem Haus eine Nacht zu verbringen. Sie erzählten, dass sie wegen all des Lärms, dem Treppauf, Treppab und dem Gepolter unsichtbarer Wesen kein Auge schliessen konnten und am Morgen einen geschwollenen Kopf und gelähmte Glieder hatten. Seither wird das Gespensterhaus gemieden, und die Tür bleibt verschlossen.

Die Legende besagt, dass einst ein Junker ein Dienstmädchen liebte. Ihr Vater warnte sie, dass der Junker sie aus Standesgründen nie heiraten würde. Als er die zwei im Schlafzimmer erwischte, jagte er sie aus dem Haus. Die beiden fielen die Treppe hinunter und waren tot. Seitdem sollen die Seelen der Liebenden durch das Haus geistern.

Bis 1947 konnte man dort angeblich keine Nacht verbringen, ohne zu sterben. Irgendwann kamen Zweifel auf, und man beschloss, auf Drängen von drei Studenten, diesen eine Wohnung im Haus zu vermieten. Angeblich sah man am Morgen einen der Studenten auf dem Pflaster liegen. So, als ob er aus dem Fenster gestürzt sei. Hilfreiche Menschen stürmten ins Haus, um nach den Freunden des Pechvogels zu suchen. Den einen fanden sie tot im Sessel. Ein Herzschlag hatte seinem jungen Leben ein vorzeitiges Ende bereitet. «Mindestens einer wird uns von dieser Nacht im Gespensterhaus und ihren Schrecken Bericht erstatten können», frohlockten die Berner, als aus einer der Türen der dritte Student aufrecht auf sie zutrat. Zu ihrem Entsetzen merkten sie aber, dass er vollkommen stumm war und einen völlig verwirrten Geist hatte.

Regisseur Franz Schnyder nutzte das mittelalterliche Haus 1942 als Kulisse für seinen Film «Das Gespensterhaus». Die Filmcrew selbst wagte sich nicht hinein und drehte dort lediglich die Aussenaufnahmen.

Adresse Junkerngasse 54, 3011 Bern | ÖV Bus 12 bis Haltestelle Rathaus | Tipp Suchen Sie Mode made in Bern? Bei Ooonyva in der Münstergasse 35 werden Sie fündig.

32 Das Glanz & Gloria

Vintage, Fashion und Couture – nostalgische Unikate

Die Wände sind gespickt mit alten Werbeschildern, vergilbten Filmplakaten, Fotografien und Autogrammkarten von Filmstars aus längst vergangenen Zeiten. Elegant gekleidete Schaufensterpuppen sehen aus, als würden sie jeden Moment über den Catwalk schweben.

Die Kleiderständer sind voller modischer Schätze, die man bis Mitte des vorigen Jahrhunderts nicht nur an Filmstars sah: ein elegantes schwarzes Fransenkleid im Charleston-Look von 1925, ausgefallene Cocktailkleider, strassbesetzte Abendkleider, schmal geschnittene Etuikleider wie Jackie Kennedy sie trug, Kostüme, Röcke und Jacken aus den 40er, 50er und 60er Jahren sowie ein paar Stücke aus den frühen 70ern. Einzelstücke für die Ewigkeit aus Seide, Wolle, Baumwolle und Kaschmir. Prêt-à-porter und Haute Couture, darunter Teile von Top-Designern wie Cardin, Dior und Prada. Das älteste Stück ist ein schwarzer Mantel von 1880, der aussieht, als wäre er noch nie getragen worden. Die Teile sind so perfekt verarbeitet, teilweise von Hand genäht, dass sie fast wie neu wirken. Damals wurde eben noch nicht billig in Asien produziert. Mit Schuhen, Handtaschen, eleganten Hüten und Accessoires wie Strassschmuck, glitzernden Armbändern und Ohrclips aus den 30er und 40er Jahren kann man sich in dem kleinen Laden gleich passend zum Kleid ausstatten.

Inhaberin Madeleine Lüthi hat Glanz & Gloria 1993 eröffnet. Die Vintage-Mode findet sie auf Märkten in London, Mailand und Paris. Ob Designer oder Nicht-Designer, sie kauft nur, was ihr auch persönlich gefällt, und achtet dabei vor allem auf Qualität und gute Verarbeitung der Kleider, Röcke, Blusen, Hosen, Jacken und Mäntel.

Von den nostalgischen Unikaten schwärmte sogar die New York Times. Reporter Tim Neville entdeckte den Laden auf der Recherchetour für seinen Artikel «36 Hours in Bern», der im September 2011 in der renommierten Zeitung erschien.

Adresse Brunngasse 48, 3011 Bern, Tel. +41(0)31/3111950 | **ÖV** Bus 10, Tram 7/8/9 bis Haltestelle Zytglogge | **Öffnungszeiten** Mo, Di, Do, Fr 16 – 18 Uhr, Sa 13 – 16 Uhr, So und Mi geschlossen | **Tipp** Das Restaurant Union bietet urbernerische Gastfreundschaft auf drei Stockwerken, Brunngasse 36.

33 Die Goldschmiede

Faire Kostbarkeiten

Der Ring wirkt überdimensional gross und bedeckt wahrscheinlich die ganze Hand. Aber schön ist er, keine Frage. Und extravagant. In den kleinen Vitrinen der lichtdurchfluteten Werkstatt liegen ungewöhnliche Schmuckstücke in moderner Formensprache in Gold, Silber und Weissgold, verziert mit glitzernden Diamanten und anderen Edelsteinen. Der Goldschmied Jörg Eggimann stellt vorwiegend Einzelstücke in einfachen Formen mit schlichter Eleganz her, wobei handwerkliche Qualität und Gestaltung eine grosse Rolle spielen.

Gold, Silber und Diamanten, an denen Blut, Kinderarbeit, unwürdige Arbeitsbedingungen, Kriegsfinanzierung und Korruption hängen, findet man in der kleinen Werkstatt nicht. Jörg Eggimann bezieht seine Edelsteine fast ausschliesslich aus fairem Handel. Das Gold, das er verwendet, stammt aus ökologischem Abbau der argentinischen Stiftung Eco Andina sowie von der Schweizer Max Havelaar-Stiftung, das Silber aus Bolivien. Die Diamanten kommen aus den Minen Argyle in West-Australien und Diavik in Kanada, die farbigen Edelsteine aus Brasilien, Madagaskar und Simbabwe. Sie halten allen sozialen und ökologischen Kriterien stand und sind zudem weder bestrahlt noch chemisch nachbehandelt. Für sein Pionier-Projekt «Fair Trade Schmuck» erhielt Eggimann 2010 den Swiss Ethics Award – zwei Jahre nachdem er sich in die Selbstständigkeit gewagt hatte.

Nach einem Kurs in Edelsteinkunde war ihm klar, dass er nicht länger mit Rohstoffen arbeiten wollte, die unter unfairen Bedingungen gewonnen werden. Er fing an, nach Goldschmieden zu recherchieren, die bereits Fair-Trade-Rohstoffe bezogen, erkundigte sich nach deren Bezugsquellen und informierte sich über die genaue Herkunft, Gewinnungsmethoden und Weiterverarbeitung der Rohstoffe. Ende 2008 eröffnete er unweit des Historischen Museums eine Werkstattgemeinschaft mit dem Geigenbauer Hans Hofer.

Adresse Goldschmiede Jörg Eggimann, Helvetiastrasse 5, 3005 Bern, Tel. +41(0)31/ 3327029, www.eggimann-goldschmied.ch | **ÖV** Tram 6/7/8 oder Bus 19 bis Haltestelle Helvetiaplatz | **Öffnungszeiten** Di–Fr 10–12.30 und 14–18 Uhr, Sa 10-14 Uhr | **Tipp** Im Bistrot l'esprit nouveau bei der Schweizer Nationalbibliothek, Hallwylstrasse 15, wird einfache Schweizer Küche mit Inspirationen aus aller Welt serviert.

34 Das Gotthelf Zentrum

Hier schrieb ein Pfarrer Weltliteratur

Als Albert Bitzius 1831 als Vikar ins Pfarrhaus von Lützelflüh kam und im Jahr darauf zum Pfarrer gewählt wurde, war er schon seit ein paar Jahren schreiberisch tätig. Seinen ersten Roman «Der Bauernspiegel», der das bäuerliche Leben im 19. Jahrhundert widerspiegelt, schrieb er jedoch erst 1836 unter dem Pseudonym Jeremias Gotthelf. Hätte er sich je träumen lassen, dass er weltweit berühmt werden würde? Sicher nicht.

Im August 2012 wurde in dem ehemaligen Pfarrhaus das Gotthelf Zentrum eröffnet. In den fünf Räumen im Erdgeschoss, in denen der legendäre Dichterpfarrer mit seiner Familie bis zu seinem Tod 1854 lebte, befindet sich eine Dauerausstellung mit seinen Werken, darunter Erstausgaben, Manuskripte und Briefe.

Die vier Kuben im ersten Raum stellen die Lebensabschnitte Gotthelfs dar. Man erfährt einiges über den sozial engagierten Pfarrer, der auch Schriftsteller, Schulkommissär, Sozialpädagoge und Journalist war und in seinen Schriften die herrschenden Berner Familien scharf kritisierte.

In der Schreibstube steht ein interaktiver Schreibtisch. Nimmt man ein Buch aus dem Regal und legt es auf den Tisch, wird daraus vorgelesen, sobald man es öffnet. Es ist, als würde man Gotthelf beim Schreiben zuhören.

In der ehemaligen Küche befindet sich eine Multimediastation mit Hörspielen, Texten sowie Filmausschnitten aus «Uli der Knecht», «Geld und Geist» und anderen Filmen. Seine rund 70 Bücher und Schriften verfasste Gotthelf in seinem Studierzimmer im ersten Stock, wo sich heute eine Privatwohnung befindet. Der spartanisch eingerichtete Raum wird als Zeichnung aus der Zeit um 1850 in der Dauerausstellung präsentiert.

Regelmässig finden Wechselausstellungen statt. Eine der erfolgreichsten war «Uli der Knecht wird 60». Franz Schnyder hatte den Film 1954 anlässlich des 100. Todestages von Gotthelf gedreht.

Adresse Rainbergliweg 2, 3432 Lützelflüh, Tel. +41(0)34/4614383, www.gotthelf.ch | ÖV ab Bern S 4 bis Haltestelle Bahnhof Lützelflüh-Goldbach | Öffnungszeiten 1. April – 31. Okt. Di – So 13.30 – 17 Uhr | Tipp Die Gedenkstätte am Rain bietet eine spektakuläre Aussicht auf das Dorf, das Emmental und die Berner Alpen.

35 Das Grab von Carl Lutz

Erinnerung an einen vergessenen Helden

Dem Schweizer Diplomaten Carl Lutz gelang während des Zweiten Weltkriegs zusammen mit Widerstandskämpfern – darunter der schwedische Diplomat Raoul Wallenberg – die Rettung von 62.000 ungarischen Juden.

Der gebürtige Appenzeller, der eigentlich Pfarrer werden wollte, war 1913 in die USA ausgewandert und hatte nach seinem Studium eine Karriere im diplomatischen Dienst eingeschlagen. Als die Judenverfolgung 1944 die ungarische Hauptstadt erreichte, stellte Lutz als Leiter der Abteilung «Auswärtige Angelegenheiten» Schutzpässe und Schutzbriefe aus und bewahrte so die Hälfte der jüdischen Bevölkerung Budapests vor der Deportation. Die Nazis bemerkten nichts, war Lutz in seiner Stellung als Vizekonsul doch einer der hochrangigsten Schweizer Diplomaten in Budapest, respektiert von den Nazis bis hinauf ins Führerhauptquartier. Was sicher auch daran lag, dass er zwischen 1935 und 1940 am Konsulat in Jaffa im Völkerbundsmandat Palästina für die Deutschen als Diplomat gute Dienste geleistet hatte. Lutz mietete in der Nähe seines Büros den leer stehenden Schauraum eines Glasfabrikanten und erklärte diesen zur Aussenstelle der Schweizer Botschaft. In dem «Glashaus» genannten Ort stellten über 100 jüdische Freiwillige in Schichtarbeit die Schutzpässe her. Für viele Juden wurde der Ort auch physisch zum lebensrettenden Refugium.

Obwohl Carl Lutz so viele Menschenleben rettete, blieb ihm das eigene Happy End verwehrt. Statt Ehrungen gab es nach dem Krieg ein Verfahren wegen Kompetenzüberschreitung und zu hoher Spesen. Lutz wurde dreimal für den Friedensnobelpreis nominiert. Von Yad Vashem (Gedenkstätte der Märtyrer und Helden des Staates Israel im Holocaust) erhielt er den Ehrentitel «Gerechter unter den Völkern». Er starb 1975 in Bern und wurde auf dem Bremgartenfriedhof beigesetzt. Die Stadt ehrte den Diplomaten 1994 mit einem nach ihm benannten Weg.

Adresse Bremgartenfriedhof, Murtenstrasse 51, 3008 Bern, Tel. +41(0)31/3810404 | **ÖV** Bus 100/101 bis Haltestelle Bremgartenfriedhof | **Öffnungszeiten** durchgehend | **Tipp** Wenn Sie schon auf dem Friedhof sind, besuchen Sie andere berühmte Gräber, wie zum Beispiel das von Mani Matter oder das des Friedensnobelpreisträgers Charles Albert Gobat.

36 Das Hammam & Spa Oktogon

Schwitzen und schrubben im ehemaligen Gaskessel

In dem achteckigen Gebäude am Aareufer befand sich im 19. Jahrhundert der erste Gaskessel der Schweiz. Heute beherbergt das Oktogon auf vier Stockwerken einen Hammam. Der Hammam, was übersetzt Dampfbad bedeutet, stammt aus dem Orient, hat sich über Jahrtausende entwickelt und ist auch unter den Namen «Orientalisches Bad» und «Türkisches Bad» bekannt. Von der Philosophie her ein Reinigungsritual für Körper, Geist und Seele, dient der Hammam im Orient auch als Begegnungsort, an dem nicht nur entspannt wird, sondern auch kommuniziert, geklatscht, getratscht und nebenbei auch Geschäfte abgewickelt werden. Im Hammam werden zudem vor wichtigen Anlässen und Festen die entsprechenden Reinigungsrituale zelebriert. Nackt wie in der Sauna ist man dabei allerdings nicht. Im Oktogon tragen Besucher ein sogenanntes Pestemal (Leinentuch) um die Hüften. Besucherinnen schlingen sich das Tuch so um, dass Oberkörper und Hüften bedeckt sind. Traditionell benutzen Frauen und Männer getrennte Räumlichkeiten.

Im Hammam befinden sich unterschiedlich warme Räume mit hoher Luftfeuchtigkeit und Badebecken, in denen die Besucher schwitzen und entspannen. Im zentralen Baderaum mit der 13 Meter hohen Kuppel beginnt die Reinigung des Körpers durch Schwitzen. Während des Rundgangs durch mehrere kleine Seitenräume wird der Körper gepeelt, geschrubbt, mit Olivenölseife eingeseift und immer wieder mit warmem Wasser übergossen und abgewaschen, bis er von alten Hautzellen und Schuppen gereinigt und befreit ist. Zwischen den Waschungen kann sich der Körper im Badebecken erholen und sich an orientalischen Düften erfreuen. Hat der Besucher / die Besucherin sämtliche Rundgänge hinter sich, darf er / sie im Ruheraum bei Tee und orientalischen Leckereien entspannen, während der Körper wieder auf die normale Temperatur abkühlt.

Adresse Weihergasse 3, 3005 Bern, Tel. +41(0)31/3113101, www.hammam-bern.ch | **ÖV** mit der Marzilibahn an der Bundesterrasse zum Marzili hinunter | **Öffnungszeiten** Mo, Di 9–21.30 Uhr, Mi 13–21.30 Uhr, Do, Fr 9–21.30 Uhr, Sa, So 10–20 Uhr | **Tipp** Plagt der Hunger nach dem Hammambesuch? Dann gehen Sie ins Gartenrestaurant «Marzilibrücke» in der Gasstrasse 8.

37 Das Heilsarmee-Museum

Alt, aber nicht altmodisch

Als der Methodistenpfarrer William Booth und seine Frau Catherine 1865 im Londoner East End mit der Christlichen Erweckungsgesellschaft den Vorläufer der Heilsarmee gründeten, ahnten sie nicht, dass daraus einmal eine Armee entstehen würde, die in 125 Ländern auf allen Kontinenten tätig ist.

1881 schickte Booth drei Pionierinnen nach Frankreich, um den europäischen Kontinent zu erobern. Nachdem sie weder in Paris noch in anderen Städten Fuss fassen konnten, kamen sie 1882 in die Schweiz – und zwar nach Genf. Dort stiessen sie bald auf erbitterten Widerstand und mussten den Kanton verlassen. Auch andere Kantone begegneten ihnen mit Ablehnung und Versammlungsverbot. Trotzdem führten sie ihre Arbeit unbeirrt weiter und sandten bereits ab 1887 Schweizerinnen und Schweizer zunächst nach Indien, später in alle Weltgegenden, um dort den Ärmsten der Armen zu helfen und das Evangelium zu verbreiten.

Das Museum, das im November 1999 im Untergeschoss des Heilsarmee-Hauptquartiers eröffnet wurde, dokumentiert die Geschichte von Catherine und William Booth sowie die stürmischen Anfänge der Heilsarmee in der Schweiz. In den kleinen Räumen sind Heilsarmee-Uniformen und Hüte verschiedener Epochen ausgestellt, Musikinstrumente, diverse Gegenstände aus alten Zeiten, Zeitschriften, Dokumente, Zeichnungen, ein ganzes Sammelsurium an Anstecknadeln sowie Fotos und Tagebücher einzelner Missionare. An den Wänden hängen Zeitungsausschnitte mit Berichten über die Arbeit der Missionare in aller Welt, wie beispielsweise die Geschichte einer pensionierten Aargauerin, die über 40 Jahre in Haiti im Dienst der Heilsarmee insgesamt 41 Schulhäuser aufgebaut hat. Ein grosses Plakat zeigt die Einsatzorte der Schweizer Heilsarmee-Missionare von 1887 bis 2013 in Afrika, China, Haiti, Indien, Indonesien, Korea und Südamerika. Den Besuchern stehen zusätzlich audiovisuelle Präsentationen zur Verfügung.

Adresse Laupenstrasse 5 (Eingang Hofseite), 3001 Bern, Tel. +41(0)31/3880579, http://museum.heilsarmee.ch | ÖV ab dem Hauptbahnhof 5 Minuten Fussweg | Öffnungszeiten Das Museum öffnet nur auf Anfrage. | Tipp Lieben Sie die italienische Küche? Im Tre Fratelli – Locanda und Ristorante – in der Laupenstrasse 17 werden mit viel Herz italienische Köstlichkeiten zubereitet.

38 Die Heitere Fahne

Konsum- und kommerzfreier Freiraumpalast

Mitmachen kann hier jeder, und wer mitmacht, den packt es. Eine bunt zusammengewürfelte Gruppe aus Akademikern, Handwerkern, Künstlern, Gastronomen und Sozialarbeitern hat in der ehemaligen Brauereiwirtschaft am Fuss der Gurtenbahn einen Ort geschaffen, der Kultur und Gastronomie mit Integration und Sozialleben verbindet.

Regelmässig finden im früheren Festsaal der Gurtenbrauerei Theateraufführungen, Konzerte, Lesungen, Vorträge und Performances jeglicher Art statt. Die Bühne bietet jedem eine Plattform, der eine gute Idee mitbringt, so schräg sie auch sein mag. Generationennachmittage, Partys, Spielabende, Ausstellungen, Flohmärkte und spontane Happenings sind weitere Programmpunkte.

Im Publikum, auf der Bühne und hinter dem Tresen trifft man immer wieder auf Menschen mit Behinderungen. Menschen mit Besonderheiten werden sie hier genannt. Was jemanden behindert, danach wird in der Heiteren Fahne nicht gefragt, sondern danach, was ihn oder sie befähigt. Hier werden alle so akzeptiert, wie sie sind. Jeder Mensch, der am Rande der Gesellschaft steht, findet hier Platz als Gast oder Mitwirkender.

Initiator der Heiteren Fahne ist das «Kollektiv Frei_Raum», ein Kultur- und Theaterprojekt, das seit 2008 Festivals mit und für Menschen mit Behinderungen organisiert und durchführt. Nach fünf Jahren wollten die Macher nicht länger nur für zwei oder drei Tage irgendwo zu Gast sein, sondern ein eigenes Zuhause haben. In der alten Wirtschaft, wo jahrzehntelang Gurtenbier aus der anliegenden Brauerei gezapft wurde, haben sie diesen Ort 2013 gefunden. Das Prinzip des Kollektivs wurde beibehalten. Jeder Einzelne der rund 40 Mitarbeiter übernimmt für das, was er macht, die volle Verantwortung. Die meisten arbeiten ehrenamtlich, denn der Kultur- und Gastro-Ort ist ein Idealisten-Projekt, das auf dem Austausch von Ressourcen basiert.

Adresse Dorfstrasse 22, 3084 Bern-Wabern, www.dieheiterefahne.ch | **ÖV** Tram 9 ab Hauptbahnhof Richtung Wabern bis Haltestelle Gurtenbahn | **Öffnungszeiten** Mi 18–22 Uhr, Fr 18–22.30 Uhr, So 10.30–14 Uhr | **Tipp** Fahren Sie mit der Gurtenbahn zum Gurten hoch und geniessen Sie den schönen Blick über Bern.

39 Die Helene-von-Mülinen-Treppe

Der steinige Weg der Emanzipation

Steht die steile Steintreppe für den steinigen Weg, den die Gründermutter der organisierten Schweizer Frauenbewegung in ihrem Leben gegangen ist? Helene von Mülinen wurde am 27. November 1850 in Bern als Tochter einer Patrizierfamilie geboren. Schon als Heranwachsende galt sie als hochintelligent, und ihr sehnlichster Wunsch war ein Universitätsstudium. Aus Standesgründen durfte sie als «höhere Tochter» jedoch keine akademische Laufbahn einschlagen. Obwohl das Frauenstudium an der Universität Bern möglich gewesen wäre. Heiraten, wie von der Familie erwartet, wollte sie aber auch nicht. Stattdessen widmete sie sich trotzig autodidaktischen Studien und besuchte als Gasthörerin theologische Vorlesungen an der Universität. Dennoch litt sie unter den Einschränkungen, denen sie als Frau unterworfen war, so sehr, dass sie in eine tiefe Sinnkrise fiel und schwer erkrankte. Erst durch die Freundschaft zu der Medizinstudentin und Frauenrechtlerin Emma Pieczynska-Reichenbach im Jahr 1891 fand sie ihre wahre Berufung: die Frauenbewegung.

Nach dem Muster der Genfer Frauenunion «Union des femmes de Genève» gründete Helene von Mülinen die Harmonische Gesellschaft, die später in «Frauenkonferenzen zum Eidgenössischen Kreuz» umbenannt wurde. Sie erkannte, dass Frauen schweizweit mit den gleichen Problemen zu kämpfen hatten. Warum also nicht gemeinsame Sache machen und sich gegenseitig unterstützen? Auf ihre Initiative wurde im Mai 1900 der Bund Schweizerischer Frauenvereine gegründet, dessen erste Präsidentin sie war. Die Grundlage für die organisierte Schweizer Frauenbewegung war geschaffen.

Mit der 100 Meter langen Treppe wurde der unermüdlichen Kämpferin für Frauenrechte 2002 ein etwas ungewöhnliches Denkmal gesetzt.

Adresse Helene-von-Mülinen-Treppe (zwischen Troxlerrain und Alpeneggstrasse), 3012 Bern | **ÖV** Bus 20 bis Haltestelle Universität | **Tipp** Fahren Sie nicht mit dem Bus zurück ins Zentrum, nehmen Sie stattdessen die Treppe – das hält fit!

40_Die Herrengasse 23

Wo Agenten und Spione ein und aus gingen

Der amerikanische Diplomat Allen Dulles kam im November 1942 nach Bern. Offiziell als Assistent des amerikanischen Gesandten. Inoffiziell sollte er für den neu gegründeten Nachrichtendienst «Office of Strategic Services» (OSS) einen Spionageposten aufbauen und Informationen über das Naziregime im benachbarten Deutschland sammeln. Die Herrengasse bot sich dafür geradezu an. In dem hochherrschaftlichen Haus mit der Nummer 23 in der damals geschäftigen Strasse konnte er sich unauffällig mit Spionen, Doppelagenten, Verrätern, Diplomaten und Informanten treffen. Die Adresse wurde bald zu einer wichtigen Anlaufstelle für Widerstandskämpfer aus Deutschland. Binnen kurzer Zeit zog Dulles seine Nachrichtenfäden quer durch die Schweiz. Wie eine Spinne knüpfte er sein Netz. Reisen, Partys und Empfänge nutzte er für Gespräche mit Diplomaten, Journalisten und Industriellen und sammelte auf diese Weise Informationen aus ganz Europa. In den drei Jahren seines Aufenthaltes sendete Dulles Tausende von geheimen Funksprüchen aus der Herrengasse nach Washington.

Während des Zweiten Weltkrieges lebten über 100.000 Ausländer in der Schweiz – Flüchtlinge, Nazigegner, Geschäftsleute und Diplomaten, darunter viele Reisende, die immer wieder die Grenzen passierten. Seine geheimen Mitarbeiter rekrutierte Dulles unter den Amerikanern, die sich als Journalisten oder Geschäftsleute in der Schweiz niedergelassen hatten. Da sie aus beruflichen Gründen viel unterwegs waren, konnten sie nebenbei wichtige Kontakte für das OSS knüpfen. Ihre bürgerliche Fassade war die perfekte Tarnung.

Dulles' Arbeit in der Herrengasse 23 ist als eines der wichtigsten Kapitel in die Geschichte der Nachrichtendienste eingegangen. Nach dem Krieg wurde der ertragreichste Agent des OSS Direktor des neu gegründeten US-Geheimdienstes CIA. In der Bundesstadt ging er als «Meisterspion von Bern» in die Geschichte ein.

Adresse Herrengasse 23, 3011 Bern | **ÖV** Bus 10, Tram 7/8/9 bis Haltestelle Zytglogge | **Öffnungszeiten** nur von aussen zu besichtigen | **Tipp** Die Geschichte der Spionage in Bern ist voller unglaublicher Anekdoten. StattLand veranstaltet dazu den Stadtrundgang «Bern top secret» (Termine auf www.stattland.ch).

41 Der Holländerturm

Die Raucherecke Berns im 17. Jahrhundert

Der Wehrturm aus dem 13. Jahrhundert hat mit Holländern eigentlich gar nichts zu tun. Wohl aber mit Berner Offizieren, die in holländischem Dienst standen. Dass Schweizer Offiziere und Soldaten vom 15. bis zum 18. Jahrhundert für andere Länder kämpften, lag daran, dass sie unter dem Kommando von Adrian von Bubenberg den als unbesiegbar geltenden Karl den Kühnen von Burgund bei Murten 1476 vernichtend geschlagen hatten und seitdem als Militärmacht ersten Ranges galten.

Jeder Staat in Europa wollte plötzlich die mutigen und entschlossenen Schweizer Soldaten und Offiziere anwerben. In drei Jahrhunderten befanden sich über zwei Millionen Schweizer Soldaten und 70.000 Offiziere in fremden Diensten. Bekannt ist, dass Holland hauptsächlich Offiziere und Soldaten aus Bern anwarb. Ganze Schweizer Regimenter soll es dort gegeben haben.

Zu seinem Namen kam der Turm wegen des Tabakverbots, das der Berner Rat um 1659 erlassen hatte. Tabak war damals ein neues Phänomen in Europa, und die Obrigkeit im streng reformierten Bern zielte mit dem Verbot auf die gesundheitsschädliche Wirkung in der Bevölkerung, die Feuergefährlichkeit und den volkswirtschaftlichen Schaden, da der Tabak teuer im Ausland gekauft werden musste. Wer das Verbot missachtete, wurde zur Kasse gebeten. Wer nicht zahlen konnte, verbrachte vier Tage bei Wasser und Brot im Gefängnis. Dasselbe galt für Tavernenwirte, die ihren Gästen das Tabakrauchen gestatteten. Berner Offiziere, die samt Tabakpfeifen aus Holland zurückkamen, schlichen sich auf den Turm, um dem Tabakgenuss ungehindert zu frönen. Im Zunftlokal in einem der Turmzimmer waren sie vor ungebetenen Zuschauern sicher.

Anfangs wurde der Turm wegen der dicken Rauchschwaden, die aus den Fenstern drangen, Raucherturm genannt. Die Bezeichnung Holländerturm wurde erstmals 1896 erwähnt. Das Rauchverbot wurde 1710 endgültig aufgehoben.

Adresse Waisenhausplatz 15, 3011 Bern | **ÖV** Bus 12 bis Haltestelle Bärenplatz, nur 5 Minuten Fussweg ab dem Hauptbahnhof | **Tipp** Leckere Pizza und Pasta gibt's in der Pizzeria Molino Bern Thurm, Waisenhausplatz 13.

42 Das Hutmuseum

Hüte machen Leute

Als Michel Curchod vor dem antiken Kachelofen sass und überlegte, was er mit dem leeren Raum im Obergeschoss seines Ladens «Le Coup de Chapeau» machen sollte, bemerkte er auf den handgemalten Kacheln plötzlich Figuren, die Hüte trugen. So kam ihm der Gedanke, auf den 40 Quadratmetern seine umfangreiche Hutsammlung zu lagern. An ein Museum dachte der gebürtige Lausanner dabei allerdings noch nicht. Diese Idee kam erst, als er mit seiner Sammlung beim Altstadt-Event «Das einmalige Objekt» vertreten war. Seine Hutsammlung stiess auf so grosse Resonanz, dass sie von nun an dauerhaft zu besichtigen sein sollte.

Selbst Stadtpräsident Tschäppät begeisterte sich für die Idee und spendete seinen Galahut. Allerdings braucht er ihn einmal im Jahr für einen Auftritt, bringt ihn danach aber immer wieder ins Museum zurück, wo er in einer Vitrine ausgestellt ist. Neben dem weissen Sommerhut von François Mitterrand, den Curchod einst auf einer Auktion ersteigerte.

Das kleine Museum ist voller einmaliger Stücke vom 19. Jahrhundert bis zur Gegenwart. In einer Vitrine sind Hüte und Objekte ausgestellt, die mit den Elementen Luft, Wasser und Erde zu tun haben. Darunter ist ein Papierhut, der mit dem Ballonfahrer Bertrand Piccard um die Welt gereist ist. Die Wände sind voller Sammler- und Kinoplakate, die mit Hüten zu tun haben. Auf einem Tisch ist Hutliteratur ausgestellt, an einem Kartenständer befinden sich aussergewöhnliche Vintage-Postkarten mit Hutmotiven. In einem Schrank verbergen sich Objekte zum Thema «Hut und Musik» mit Fotos von Musikern und Sängern, die selten oben ohne auftraten wie Maurice Chevalier, Frank Sinatra oder die Blues Brothers.

In einer Ecke steht der Arbeitstisch mit allerlei Werkzeugen der begnadeten Hutmacherin Gertrud Studer-Widmer aus Uster, die noch mit 100 Jahren in ihrem Hutladen stand und ihre Kreationen verkaufte.

Adresse Gerechtigkeitsgasse 56, 3011 Bern, Tel. +41(0)31/3121492, www.hutmuseum.ch | ÖV Bus 12 bis Haltestelle Rathaus | Öffnungszeiten nur nach tel. Voranmeldung, Besichtigungen mit Führer auf Deutsch, Englisch und Französisch | Tipp Lust auf einen Hut bekommen? Im Erdgeschoss befindet sich Michel Curchods Hutladen Le Coup de Chapeau.

43 Der Israelitische Friedhof

Oase der Ruhe

Betritt man den Friedhof, befindet man sich plötzlich in einer grünen Oase der Ruhe. Trotz der verkehrsreichen Strasse, an der er liegt. Vom Eingang führt eine kleine Allee zum Mahnmal zu Ehren der Shoah-Opfer, das 1988 nach einem Entwurf des Künstlers Oskar Weiss geschaffen wurde. Der erste jüdische Friedhof Berns befand sich im Mittelalter dort, wo heute das Bundeshaus-Ost steht. Im Jahr 1427 wurden die Juden aus der Stadt vertrieben. Es dauerte über 400 Jahre, bis 1848 wieder eine neue jüdische Gemeinschaft gegründet wurde. Bis zur Eröffnung des neuen Friedhofs in der Papiermühlestrasse im September 1871 bestattete die neue jüdische Gemeinde ihre Toten in Hegenheim im Elsass.

Knapp 1.800 der 2.000 Gräber sind belegt. Einige davon mit berühmten Menschen, darunter der Philosoph Max Horkheimer, führender Kopf der Frankfurter Schule, der in den 1930er Jahren die marxistische «Kritische Theorie» begründete. In seinem Spätwerk war für Horkheimer die menschliche Existenz – neben dem materiell verursachten Leid – eine durch und durch leidvolle, was in der Natur des Seins selbst begründet sei, auch wenn er mit Karl Marx das materielle Leid für überwindbar hielt. Horkheimer emigrierte 1934 in die USA, kehrte 1949 an die Universität Frankfurt zurück. Als er 1973 in Nürnberg an Herzversagen starb, wurde sein Sarg nach Bern überführt, wo er neben seiner Frau und seinen hier verstorbenen Eltern liegt.

Andere berühmte Gräber sind die des Berner Schokoladenfabrikanten Camille Bloch, Erfinder des Ragusa-Riegels, und des Berliner Verlegers und Kabarett-Leiters Leon Hirsch. Hirsch gründete 1926 in Berlin das fliegende politisch-satirische Kabarett «Die Wespen», zu dessen Ensemble bekannte Schauspieler und Autoren wie Else Lasker-Schüler und Erich Kästner gehörten. Nach dem Reichtagsbrand 1933 flüchtete Hirsch in die Schweiz, wo er 1953 in Bern starb.

Adresse Papiermühlestrasse 112, 3063 Bern | ÖV Tram 9 bis Haltestelle Wankdorfplatz, dann 10 Minuten Fussweg, oder umsteigen in Bus 40 bis Haltestelle Schermenwaldstrasse | Öffnungszeiten So–Do 9–18 Uhr, Fr 9–16 Uhr | Tipp Das Eleven – Ristorante, Bar & Caffè – im Stade de Suisse, Papiermühlestrasse 71, bietet italienische Küche.

44__Jack's Brasserie

Kulinarisch schlemmen im Fin-de-Siècle-Ambiente

Jugendstilinterieur und französisches Flair lassen Glanz und Glamour vergangener Tage erahnen. Jahre, in denen das Restaurant Treffpunkt für Politiker, High Society und Filmstars war. Man fühlt sich in diese Zeit zurückversetzt, sobald man durch die Tür tritt. Schwere Kronleuchter hängen von der stuckverzierten Decke, die Wände sind holzvertäfelt und an ihrem oberen Ende mosaikartig gefliest. Auf dem dunklen Parkettboden stehen dreiarmige Leuchten neben den Tischen. Die samtbezogenen Rückenlehnen der Lederbänke sind übersät mit goldenen Metalltäfelchen, auf denen die Namen der Berühmtheiten stehen, die hier schon gespeist haben. Darunter Ella Fitzgerald, Christina Onassis, Yves Montand, die früheren Könige Juan Carlos und Konstantin, Niki Lauda, Maradonna, Ursula Andress, Liz Taylor, Peter Ustinov und Albert Schweitzer.

Durch die grossen Fenster lässt sich das geschäftige Treiben auf dem Bahnhofsplatz beobachten: Strassenbahnen fahren vorbei, Menschen hasten zum Bahnhof, warten an Haltestellen und an roten Fussgängerampeln.

Das hoteleigene Restaurant im legendären Schweizerhof Bern verdankt seinen Namen Jack Gauer, dem einstigen Besitzer des Luxushotels. Die Brasserie mit dem Charme eines Pariser Kaffeehauses wurde mit 14 von 20 Gault-Millau-Punkten ausgezeichnet. Der Gault-Millau ist neben dem Guide Michelin der einflussreichste französische Restaurantführer. Die Küche entspricht der einer französischen Brasserie, der Klassiker ist seit Jahren jedoch Jack's Wienerschnitzel, das als bestes der Schweiz gilt und für das Gäste aus allen Teilen des Landes anreisen. Die Weinkarte mit über 580 Positionen enthält Tropfen aus jedem Kanton und wurde mit dem Titel «Die beste Schweizer Weinkarte» vom Gault-Millau 2015 geehrt – nachdem das Jack's 2014 bereits zum dritten Mal in Folge den «Best of Award of Excellence» vom internationalen Fachmagazin Wine Spectator erhielt.

Adresse Bahnhofplatz 11, 3011 Bern, Tel. +41(0)31/3268080 | **ÖV** Das Restaurant liegt genau gegenüber vom Bahnhof. | **Öffnungszeiten** Mo – So 6.30 – 23 Uhr | **Tipp** Gönnen Sie sich in der Lobby-Lounge-Bar im Hotel Schweizerhof einen leckeren Cocktail.

45 Das Jesaja-Fenster

Der sozialkritische Prophet

Steht man vor dem Jesaja-Fenster im Münster und studiert die einzelnen Bildreihen und deren Bedeutung von unten nach oben, hat man das Gefühl, dass sich in der Welt während der letzten 2.700 Jahre nicht sehr viel verändert hat. In der untersten Reihe geht es um die Stadt Jerusalem. Jesaja beklagt, wie asozial sie geworden sei, verblendet, dass die Armen vergessen würden und die Menschen im Wohlstand nur an sich selbst dächten.

«Wie ist sie zur Hure geworden, die treue Stadt, die erfüllt war von Recht! Gerechtigkeit war da in der Nacht, und nun Mörder!» (Jesaja 1, 21). Der Prophet Jesaja, der zwischen 740 und 701 vor Christus wirkte, übte scharfe Kritik an den sozialen Missständen. In einem berühmten Lied vergleicht er das Volk Israel mit einem Weinberg, der keine guten Früchte bringt und darum verwüstet wird. Jesaja war politisch sehr aktiv und geriet häufig in Konflikte mit den Königen von Juda.

In der zweiten Bildreihe sind ein gestrandetes Schiff, die Ruine eines Turms, Menschen auf der Flucht und Jesaja, der mit ihnen leidet, dargestellt. Darüber schweben Engel. Racheengel als Hinweis darauf, dass nicht blindes Schicksal, sondern eine von den Menschen selbst verursachte Katastrophe das Land zerstört hat? Der Aarauer Künstler Felix Hoffmann schuf das Fenster zwischen 1945 und 1947, nach Ende des Zweiten Weltkriegs. Es ist, als würde er in den Bildern den Machtwahn des Dritten Reiches darstellen, der das eigene Volk einholt und seine Städte in Ruinen legt. Ob er wohl darauf hindeuten wollte?

In der dritten Bildreihe, die der Künstler «Zusammenbruch der Hoffnung» nannte, sieht man den verwüsteten Weinberg und Überlebende in Trümmerhaufen. In der vierten Bildreihe ist der Weinberg wiederhergestellt. Mensch und Tier wohnen friedlich beieinander. In der Reihe darüber fliegt eine Taube zum Himmel empor. Es herrscht Friede.

Adresse Berner Münster, Münsterplatz 1, 3011 Bern, Tel. +41(0)31/3120462 | **ÖV** Bus 10, Tram 7/8/9 bis Haltestelle Zytglogge | **Öffnungszeiten** im Sommer Mo–Sa 10–17 Uhr, So 11.30–17 Uhr, im Winter Mo–Fr 12–16 Uhr, Sa 10–17 Uhr, So 11.30–16 Uhr | **Tipp** Sehenswert ist das Chorgestühl aus dem frühen 16. Jahrhundert. Auf den Aussenwangen werden biblische Szenen dargestellt, während die Figuren, welche die Sitze schmücken, Menschen aus dem täglichen Leben zeigen.

46 Der Käfigturm

Vom Gefängnis zum Polit-Forum

Der Turm am oberen Ende der Marktgasse war ursprünglich Stadttor und Teil der alten Befestigungsanlage. Seit 1644 diente er als Wehrturm, Hochwacht, Gefängnis, Staatsarchiv und Informationszentrum. Im Juni 1893 war der Turm Zentrum heftiger Auseinandersetzungen, die als Käfigturmkrawall in die Geschichte eingingen.

Nach Gründung der Sozialdemokratischen Partei der Schweiz (SPS) im Jahr 1888 wandelten sich die politischen Verhältnisse, und es kam zu einem Kräftespiel zwischen den Freisinnigen, den Sozialdemokraten und den Konservativen. In den Jahren 1888 bis 1893 wurden von der Arbeiterunion immer wieder Streiks ausgerufen, bis die Situation am 19. Juni 1893 eskalierte. Mehrere Dutzend arbeitslose Bauarbeiter zogen in diverse Quartiere und verprügelten auf den dortigen Baustellen arbeitende Italiener, die sie als Lohndrücker empfanden. Die Randalierer wurden von der Polizei verhaftet und ins Untersuchungsgefängnis, in den Käfigturm gesperrt. Am Abend versammelten sich mehrere tausend Arbeiter vor dem Turm und forderten die sofortige Freilassung der Gefangenen. Nachdem die Forderung nicht fruchtete, kam es zu so heftigen Auseinandersetzungen mit der Polizei, dass Truppen des Militärs aus Thun herbeigerufen werden mussten. Der Krawall endete weit nach Mitternacht mit zahlreichen Verletzten, eingeschlagenen Fensterscheiben und mehreren Verhaftungen. Vier Jahre später hatte der Käfigturm als Gefängnis ausgedient. Die 70 verbliebenen Gefangenen wurden in das neue Bezirksgefängnis überführt.

Der geschichtsträchtige Turm wurde 1980 vollständig renoviert und als Informations- und Ausstellungszentrum des Kantons genutzt. Seit Herbst 1999 befindet sich das Polit-Forum des Bundes im Turm, wo seither Ausstellungen und Veranstaltungsreihen zu aktuellen politischen Themen stattfinden und der Bevölkerung ein Raum für eigene politische Veranstaltungen geboten wird.

Adresse Marktgasse 67, 3003 Bern | **Öffnungszeiten** Mo–Fr 8–18 Uhr, Sa 10–16 Uhr | **Tipp** Im Informationszentrum des Käfigturms können Sie die wichtigsten Bundespublikationen kostenlos mitnehmen. – Schon lange nicht mehr japanisch gegessen? Das können Sie bei Japigo in der Marktgasse 37. Täglich gibt es sogar ein vegetarisches Mittagsmenü.

47 Der Kindlifresser-Brunnen

Berner Kinderschreck

«Ich bin der alte böse Mann, der alle Kinder fressen kann», scheint der Riese auf der Brunnensäule zu denken, als er sich gerade genüsslich ein Kind in den Schlund stopft. In dem Sack, den er bei sich trägt, stecken weitere Kinder. Andere hängen an einem Riemen oder verstecken sich hinter seinem Rücken, einem gelingt die Flucht. Im unteren Teil der Säule marschiert ein Zug munterer Bären. Der Kindlifresser ist zwar eines der bedeutendsten Wahrzeichen Berns und der originellste Brunnen der Stadt, dennoch gibt seine Bedeutung Rätsel auf. Hat der Bildhauer Hans Gieng im Auftrag der Stadt 1545 einen Brunnen gebaut, der unartigen Kindern einen Schreck einjagen sollte? Oder hatte Gieng sein ganz eigenes Motiv im Sinn? Über die Hintergründe wird seit Jahrhunderten gerätselt. Der Künstler selbst hat sich dazu nie geäussert – zumindest gibt es keine Aufzeichnungen darüber. Im Laufe der Jahre wurde über viele Erklärungen spekuliert.

Handelt es sich beim Kindlifresser um eine Darstellung des griechischen Gottes Kronos, der seine Schwester Rhea heiratete? Aus Angst, von einem seiner Kinder eines Tages entmachtet zu werden, frass er alle Kinder, die aus dieser Verbindung entstanden. Oder ist die Brunnenfigur der Teufel aus der Göttlichen Komödie? In Dantes Meisterwerk verschlingt der Teufel die Seelen der Sünder. Seelen wurden in der bildlichen Darstellung oft als kleine Kinder wiedergegeben. Vielleicht ist der Kindlifresser eine Fastnachtsfigur? Fastnachtsspiele fanden in Bern bereits zur Zeit Giengs statt. Sehr zum Ärger der Obrigkeit, die das bunte Treiben als teuflisch ansah. Sollte der Menschen fressende Riese auf die Bevölkerung erzieherisch einwirken?

Aber vielleicht diente Gieng als Vorlage ja auch ein Holzschnitt des Künstlers Hans Weiditz aus dem Jahr 1520, der einen fettleibigen Alten zeigt, der sieben Kinder gefangen hält und eines davon gerade verschlingt.

Adresse Kornhausplatz, 3011 Bern | **ÖV** Bus 10, Tram 7/8/9 bis Haltestelle Zytglogge | **Tipp** Lernen Sie die «Berner Brunnen und deren farbige Figuren» bei einer Stadtführung kennen (www.bern.com).

48 Die Klangbrücke

Klänge zwischen Himmel und Erde

Unscheinbar und von vielen übersehen spannt die kleine, filigrane Brücke ihren Bogen vom Hauptgebäude der Gewerblich-Industriellen Berufsschule (GIBB) zum gläsernen Campus. Entworfen und installiert wurde sie 1999 von dem mittlerweile verstorbenen amerikanischen Musiker und Klangkünstler Max Neuhaus, der nichtvisuelle Kunstwerke für Museen und öffentliche Plätze auf der ganzen Welt schuf und dafür den Begriff Klanginstallation prägte.

Seit 1967 entwickelte Neuhaus Klangwerke, die eine eigenartige Musik – geschaffen nur für den einen Ort – ohne Anfang und Ende sind, die Hören und Sehen zu einer neuen Erfahrung des mit Klang erfüllten Ortes vereinen. Die Töne auf der «Suspended Sound Line» in der Lorraine kommen aus im Brückenkörper versteckten Lautsprechern, die kontinuierlich zwei weiche Akkorde spielen, die in wechselnden Sequenzen quer über das Bauwerk angeordnet wurden.

Betritt man die Brücke, wird man sofort von schwebenden Klängen umhüllt und hat das Gefühl, dass die Zeit stehen bleibt. Die schwingenden Töne sind gleichzeitig überall und nirgends. Je nach Geschwindigkeit, mit der man die Brücke überquert, und abhängig davon, ob man in der Mitte oder am Geländer geht, verändert sich der Klang – mal lauter, mal leiser, mal höher, mal intensiver. Geht man sehr langsam und bleibt kurz stehen, spürt man feinste Vibrationen. Konzentriert man sich völlig auf die Klänge, geschieht das Faszinierende – die Brücke reflektiert mit einem Mal die Geräuschkulisse der Stadt. Vogelgezwitscher, Stimmen, Autolärm oder das Quietschen der Züge und Strassenbahnen auf der anderen Seite der Aare verschmelzen zu einem einzigen Ton. Die Klänge verstummen abrupt, sobald man das andere Ende der Brücke erreicht hat. Weil das Erlebnis so einzigartig ist, geht man ein zweites und drittes Mal über die Brücke. Nur eine Klangmassage hat eine ähnliche Wirkung.

Adresse Lorrainestrasse 1, 3013 Bern | **ÖV** Bus 20 bis Haltestelle Gewerbeschule, die Klangbrücke befindet sich zwischen den Gebäuden der GewerbliIndustriellen Berufsschule (GIBB) | **Tipp** Suchen Sie Einzelanfertigungen aus Leder und Reparaturen aller Art? Die finden Sie im L'apostrophe Lederatelier in der Lorrainestrasse 19.

49 Das kleine Bröckli

Von der Garage zur Schatztruhe

Von aussen ist nicht zu erkennen, dass sich in der ehemaligen Autowerkstatt im ruhigen Turnweg eine Schatztruhe voller Antiquitäten befindet. Schränke, einer sogar aus dem Jahr 1700, Kommoden mit Schubladen, in denen sich Hunderte von Fächern verbergen, Esstische, Schreibtische, Stühle, Sessel, Lampen, Spiegel, Blechdosen, Blechwerbeschilder, Rössler-Geschirr, Apothekerflaschen, Bücher, Bilder, Tafelsilber. Es gibt kaum etwas, das man in der umfunktionierten Garage von Myriam Jebli nicht findet.

Die gebürtige Marokkanerin, die in Frankreich aufgewachsen ist, seit 1989 in der Schweiz lebt und von Beruf eigentlich Visagistin und Kosmetikerin ist, restauriert und bemalt Möbel schon seit vielen Jahren hobbymässig.

2010 mietete sie einen kleinen Raum innerhalb der Werkstatt, den sie als Atelier nutzte. Weil das Zimmer so klein war, nannte sie es «kleines Bröckli». Ein Jahr später vergrösserte sie sich und mietete die gesamte Garage, wo sie nun von Mittwoch bis Samstag Möbel restauriert und verkauft. «Du bemalst deine Möbel so schön wie die Gesichter der Menschen als Visagistin», meinte eine Freundin zu ihr.

Myriam Jebli kauft die Antiquitäten, die sie restauriert und bemalt, schweizweit bei Antiquités Brocantes. Sie betont, dass ihr kleines Bröckli nichts mit den Brockenhäusern (Brocki) zu tun hat, denn sie bekommt ihre Waren nicht umsonst, sondern kauft sie teilweise teuer ein. Auch auf Wunsch. Wenn ein Kunde beispielsweise einen bestimmten Biedermeiertisch oder bestimmte antike Gläser sucht, macht sich Myriam Jebli landesweit auf die Suche und wird früher oder später fündig und ruft ihre Kunden dann an, auch wenn die sich gar nicht mehr daran erinnern, dass sie Monate zuvor den Suchauftrag aufgegeben haben. Die antike Registrierkasse auf dem Verkaufstisch ist voller Post-its mit Gesuchen. Die leidenschaftliche Vintage-Sammlerin vergisst keinen ihrer Kunden.

Adresse Turnweg 29, 3013 Bern, Tel. +41(0)79/5098112, www.daskleinebroeckli.ch | ÖV Bus 20 bis Haltestelle Lorraine | Öffnungszeiten Mo–Fr 10–12 und 13.30–18.30 Uhr, Sa 9–16 Uhr | Tipp Lust auf thailändische Küche? Schauen Sie mal im Suban Thai Eatery am Nordring 42 vorbei.

50 Die Klötzli Messerschmiede

Messer- und Scherenparadies

Ob Johann Ulrich Klötzli wohl geahnt hat, welchen Grundstein er für seine Nachfahren legte, als er 1835 als 15-Jähriger eine Lehre als Messerschmied begann? Sicher nicht. Nach dem Tod seines Lehrmeisters 1846 übernahm er dessen Werkstatt in der Mühlegasse in Burgdorf, die sein Sohn später ausbaute und deren Ladengeschäft er renovierte. Sein Enkel, der ebenfalls in die Fussstapfen seines Vaters trat, wurde 1924 bei der Gewerbeausstellung in Bern mit einer Goldmedaille ausgezeichnet, unter anderem für seine rostfreien Tafel-Fruchtmesser. Sein Ur-Ur-Enkel H. P. Klötzli, seit 1972 Geschäftsführer, absolvierte seine Ausbildung als Messerschmied bei Victorinox, dem Hersteller des berühmten roten Schweizer Taschenmessers. Heute hat die familiengeführte Burgdorfer Messerschmiede schweizweit die grösste Auswahl an Messern und Scheren. Der Produktionsbetrieb befindet sich weiterhin in Burgdorf, seit 1973 gibt es jedoch auch eine Filiale in der Berner Altstadt.

In den Regalen, Vitrinen und Schaukästen des kleinen Ladens befindet sich ein riesiges Sammelsurium an Messern und Scheren aller Art, für jeden Zweck und in allen Farben des Regenbogens. Da ein Messer längst nicht nur zum Schneiden, sondern auch zum Schnitzen, Schlitzen, Ritzen, Spitzen, Kerben, Stechen und Rasieren benutzt wird, findet man hier über 400 verschiedene Küchenmesser, rund 800 Taschen- und Klappmesser, 200 Freizeitmesser, über 350 Scheren in verschiedenen Grössen und diverse Rasiermesser. Ausserdem gibt es Maniküreartikel, Schwerter und Taschenwerkzeuge sowie allerlei Kleinküchengeräte.

Besonderheiten sind die Klappmesser, die in der Klötzli Messerschmiede selbst hergestellt werden – Hightech-Klappmesser mit Karbon –, oder Titanschalen, mit denen sich H. P. Klötzli weltweit einen Namen hat machen können. Johann Ulrich Klötzli würde staunen!

Adresse Rathausgasse 84, 3011 Bern, Tel. +41(0)31/3110080, www.klotzli.com | **ÖV** Bus 10, Tram 7/8/9 bis Haltestelle Zytglogge | **Öffnungszeiten** Mo 9–18.30 Uhr, Di–Fr 8.30–18.30 Uhr, Sa 8.30–17 Uhr | **Tipp** Schärfeseminar im Laden. Hier lernen Sie, wie Ihre Messer wieder scharf werden und es auch bleiben.

51 Der Kocherpark

Ein Park für einen Nobelpreisträger

Der erste Chirurg, der den Nobelpreis für Medizin und Physiologie erhielt, war der Berner Arzt Theodor Kocher im Jahr 1909 für seine Arbeiten über die Physiologie, Pathologie und Chirurgie der Schilddrüse. Nach seinem Staatsexamen, der Promotion und seiner Assistenzzeit bei Professor Georg Albert Lücke an der Universität Bern eröffnete er 1869 eine eigene Praxis. Im Alter von erst 31 Jahren wurde er 1872 als Nachfolger Lückes zum ordentlichen Professor für Chirurgie ans Inselspital berufen. Kocher gilt als einer der Wegbereiter der modernen Chirurgie. Unter seinen Patienten befand sich unter anderem Nadeschda Konstantinowa Krupskaja, die Frau Lenins, die sich 1913 von Kocher operieren liess.

Die Chirurgie der inneren Organe sowie die Physiologie und Pathologie der Schilddrüse standen im Fokus von Kochers Arbeit. Daneben entwickelte er eine Reihe von Wundbehandlungsmethoden, später auch die ersten aseptischen Wundversorgungen sowie chirurgische Instrumente, darunter die Kocher-Klemme, die noch heute weltweit bei chirurgischen Eingriffen verwendet wird.

Die Kocher-Villa steht mitten im Park, ein herrschaftliches Landhaus aus der ersten Hälfte des 19. Jahrhunderts, das Kocher 1909 erwarb und als Gästehaus für seine Privatklinik «Ilmenhof» nutzte. Wahrscheinlich liess er die Klinik mit 25 Zimmern, die zwischen 1904 und 1905 an der Schlösslistrasse enstand, mit Absicht neben dem eleganten Gemäuer errichten? Im Gästehaus brachte er seine vielen ausländischen Studenten unter. In den Jahren 1915 bis 1985 wurde die Villa als Botschaftsgebäude genutzt, heute dient sie als «Haus der Universität».

Am Parkende steht die von Max Fueter geschaffene Büste Theodor Kochers. Das Grundstück, auf dem sich die Parkanlage befindet, wurde der Öffentlichkeit vom Sohn des Nobelpreisträgers, Albert Kocher, 1941 testamentarisch vermacht mit der Massgabe, daraus einen Park zu gestalten.

Adresse Belpstrasse 16, 3007 Bern | **ÖV** Tram 6/7/8 bis Haltestelle Kocherpark | **Tipp** Schauen Sie sich das wunderschöne Haus der Universität am Parkende an, Schlösslistrasse 5 (geöffnet Mo–Fr 7.30–18 Uhr).

52 Der Kornhauskeller

Venedig liegt auf Wasser, Bern auf Wein

Auf dem Weg zu Bus und Tram hastet man täglich an dem imposanten Sandsteingebäude aus dem frühen 18. Jahrhundert vorbei, ohne dass man je einen Blick hineingeworfen hätte. Im prunkvollsten Kellerrestaurant der Stadt befand sich ursprünglich ein monumentaler Weinkeller, wo in grossen Eichenfässern der Wein aus den Berner Ländereien in der Waadt lagerte. Aus dieser Zeit stammt der Spruch: «Venedig liegt auf Wasser, Bern auf Wein.» In den drei oberen Stockwerken wurden die Getreidevorräte aufbewahrt, in der grossen Halle im Erdgeschoss Märkte abgehalten.

Ende des 19. Jahrhunderts entstand im Keller eine Holzgalerie. Die Wände und Decken wurden mit literarisch-poetischen Fresken vom Berner Künstler Rudolf Münger bemalt, die noch heute zu sehen sind: Wappen des Kantons Bern, bernische Männer- und Frauentrachten, heimische Blumen und Tiere sowie mythologische Gestalten. Münger war damals schon als Illustrator der Werke von Johanna Spyri und Jeremias Gotthelf bekannt.

Im Gewölbekeller, der einer Basilika mit Mittelschiff und zwei seitlichen Schiffen gleicht, herrscht eine beinahe sakrale Atmosphäre. Die Dimensionen des Raumes faszinieren. Prunkstück ist ein riesiges goldenes Fass, das rund 38.000 Liter Wein fassen könnte, wenn es je gefüllt würde. Die Weine auf der Karte stammen aus der Toskana, die Küche ist mediterran, aber auch Schweizer Klassiker werden angeboten.

Als das Kornhaus als Getreidespeicher ausgedient hatte, liess die Einwohnergemeinde Berns das Gebäude 1895 zum Gewerbemuseum umbauen. Ins Erdgeschoss wurde ein Postamt einquartiert. Beide Einrichtungen sind längst verschwunden. Dort, wo früher das Getreide lagerte, befinden sich heute die Hauptbibliothek der Kornhausbibliotheken, ein Forum für Ausstellungen, Symposien, Vorträge, Lesungen und Konzerte, ein Café sowie die Theaterkasse des Stadttheaters.

Adresse Kornhausplatz 18, 3011 Bern, Tel. +41(0)31/3277272, https://kornhaus-bern.ch | **ÖV** Bus 10, Tram 7/8/9 bis Haltestelle Zytglogge | **Öffnungszeiten** Mo–Sa 11.30–14 Uhr und 17.30–0.00 Uhr | **Tipp** Lateinamerikanische Atmosphäre und ein kleines Stück Kuba mitten in Bern finden Sie in der Cuba Bar am Kornhausplatz 14.

53 Die Kreissaal Bar

Vom Gebärsaal zur Nachtbar

Ob sich der Gebärsaal dort befand, wo Kerzen die Räume mit schummrig warmem Licht erhellen und Jazz aus den Boxen rieselt, ist nicht bekannt. Vielleicht lag er auch oben, wo die Bar steht, vielleicht in einem ganz anderen Teil des Hauses. Bekannt ist, dass sich in dem Gebäude aus dem 17. Jahrhundert von 1834 bis 1876 das erste öffentliche städtische Gebärhaus mit der akademischen Entbindungsanstalt, der Hebammenschule und der Kindbettnerinnenstube befand. Der Eingang war damals zwar noch für ein paar Jahre im vorderen Teil des Gebäudes, in der Brunngasse 48, nach dem Umbau im Jahr 1853 wurde das Haus jedoch auf die Brunngasshalde 63 erweitert. Die schattenseitigen Strassen wie die Brunngasse und Postgasse galten damals als Unterschichtquartiere. Viele alleinstehende und mittellose Frauen verdienten ihr Geld als Prostituierte. Wurden sie schwanger, war die Klinik nicht weit.

Seit dem Zeitpunkt des Umzugs der Entbindungsanstalt in das neue Frauenspital an der Schanzenstrasse im Jahr 1876 wurde das Gebäude als Wohnhaus genutzt, Anfang der 1980er Jahre als Genossenschaft gekauft und saniert. Der Name «Kreissaal» ist jedoch geblieben – zumindest für den Teil des Hauses in der Brunngasshalde, wo sich seit 1997 die Kreissaal Bar befindet, die zuvor Teil des Vereins zur Förderung von zeitgenössischen Film- und Videoarbeiten war.

Die Grundidee der Macher war eine klassische amerikanische Bar mit Jazzmusik und einer kleinen, aber feinen Auswahl an schottischen und irischen Single Malts, Pure Pot Stills und Bourbon Whiskeys. Eine Galerie verbindet den Barbereich mit der kellergewölbeartigen Lounge im Untergeschoss. Dort stehen Ledersofas und Sessel, Holzstühle gruppieren sich um kleine, runde Tische, und aus den kleinen Wandnischen der alten Sandsteinmauern leuchten Kerzenflammen. Aus Lautsprechern tönt leise Jazzmusik.

Cooles Design in mittelalterlichem Ambiente.

Adresse Brunngasshalde 63, 3011 Bern, Tel. +41(0)31/3125000, www.kreissaal.be/html/de/bar | **ÖV** Bus 10, Tram 7/8/9 bis Haltestelle Zytglogge | **Öffnungszeiten** Winter Di–Sa 21–2.30 Uhr, Sommer Di–Sa 22–2.30 Uhr | **Tipp** Im Restaurant Volver am Rathausplatz 8 werden Sie mit Tapas und Mittelmeer-Feeling verwöhnt.

54 Die Kunsthalle Bern

Christos erstes Verhüllungsprojekt

Den bulgarischen Künstler Christo und seine monumentalen Verpackungskunstwerke kennt jeder. An was sich heute jedoch kaum jemand mehr erinnert, ist, dass sein erstes Grossprojekt 1968 die komplette Verhüllung der Kunsthalle Bern war. Das Gesamtkunstwerk im Rahmen der Ausstellung «12 Environments» führte damals zu lebhaften Polemiken und Protestaktionen. Dem damals jungen Direktor der Kunsthalle, Harald Szeemann, war es ein Anliegen, die Schweiz mit moderner Kunst zu konfrontieren. Er holte die angesagtesten Künstler aus Deutschland, Italien und den USA nach Bern und liess sie in der Kunsthalle ausstellen.

Viele der Künstler wurden später weltberühmt, wie Joseph Beuys, die viel zu früh verstorbene Eva Hesse, Bruce Nauman und Richard Serra.

Gegen die Ausstellung «When Attitudes Become Form» im Jahr 1969, die in die Annalen einging, entlud sich die bürgerliche Wut in Form eines vor der Kunsthalle deponierten Misthaufens. Beuys schmierte während dieser Ausstellung Fussleisten und Raumecken mit Fett ein, Lawrence Weiner schuf ein Bild, indem er aus dem Mauerputz ein quadratisches Feld akkurat ausklopfte. Der amerikanische Konzeptkünstler Edward Kienholz lockte Sammler mit einer gerahmten Verheissung an der Wand: Sie könnten hier für 10.000 Dollar ein Kunstwerk erwerben, das es noch nicht gab. Der Berner Schriftsteller Peter Saam verbrannte vor der Kunsthalle seine Armeeuniform, was ein regelrechter Tabubruch war.

Die Gründung der Kunsthalle im Jahr 1918 geht auf eine Initiative der Berner Künstlerschaften GSBK und GSMBA zurück mit dem Ziel, schwerpunktmässig zeitgenössische Kunst in Temporärausstellungen zu präsentieren. Jährlich werden, teilweise exklusiv, sechs bis sieben Gruppen- und Einzelausstellungen organisiert. Hinzu kommen öffentliche Führungen, Vorträge und Debatten sowie eine intensive Tätigkeit in der direkten Kunstvermittlung.

Adresse Helvetiaplatz 1, 3005 Bern, Tel. +41(0)31/3500040 | **ÖV** Tram 6/7/8 oder Bus 19 bis Haltestelle Helvetiaplatz | **Öffnungszeiten** Di–Fr 11–18 Uhr, Sa–So 10–18 Uhr | **Tipp** Wenn Sie schon am Helvetiaplatz sind, lohnt sich auch ein Besuch der umliegenden Museen.

55 Die Ladenwerkstatt

Selbstgemachtes für Haut und Haar

Ein Sammelsurium an bunten Flaschen, Flakons, Döschen, Bonbonnieren, Teemischungen und Büchern steht ordentlich aufgereiht in Regalen, auf Sideboards und kleinen Tischchen, hinter denen die Wand so blau ist wie der Himmel über der Provence. In dem kleinen Laden im ältesten Teil der Altstadt riecht es auch an kalten Wintertagen wie auf einer blumigen Sommerwiese. Ein Ort der Idylle in der stillen und verkehrsarmen Gasse.

Inhaberin Pia Hess interessierte sich schon als Kind für Kräuter. Diese Leidenschaft führte sie in eine Ausbildung zur Drogistin, wo sie alles über die Anatomie der Pflanzen lernte und die Herstellung von kosmetischen Präparaten erlernte. Nach mehreren Jahren Praxis in diversen Drogerien sowie Weiterbildungen in Pflanzenheilkunde und Aromatherapie begann sie, nach Feierabend in ihrer Küche selbst zu experimentieren. Sie mischte Kräuter zu Tee und rührte Cremes, bis sie mit dem Ergebnis zufrieden war und ihr Selbstgemachtes erstmals 1982 auf Märkten anbot.

Es war ein langer Weg bis zur Eröffnung der Ladenwerkstatt in der Postgasse im Jahr 2001, wo nicht nur ein Teil der kosmetischen Produkte und Teemischungen hergestellt, sondern auch Rohstoffe und Zubehör zum Verkauf angeboten werden. Für ihre Produkte verwendet Pia Hess natürliche Rohstoffe wie Mandelöl, Weizenkeim-, Jojoba- oder Sonnenblumenöl, Wirkstofföle aus Wildrose, Sanddorn und Granatapfelsamen, Hydrolate aus Lavendel, Rose und Hamamelis, ätherische Öle sowie rein pflanzliche Emulgatoren. Viele der Kräuter stammen aus ihrem eigenen Garten in Hinterkappelen.

Ihr gesammeltes Wissen gab Pia Hess erstmals 1994 in ihrem mittlerweile vergriffenen Buch «Schönheit durch Kräuter und Essenzen» wieder. Ihr Buch «Naturkosmetik» (2011), das in dritter Auflage 2019 erschienen ist, gibt Einblicke in den Aufbau und die Pflege der Haut und ist voller Rezepturen und Anleitungen fürs Cremelabor zu Hause.

Adresse Pia Hess Naturkosmetik, Postgasse 27, 3011 Bern, Tel. +41 (0)79/4499544 | ÖV Bus 12 bis Haltestelle Nydegg | Öffnungszeiten Mi–Fr 14–18.30 Uhr, Sa 10–13 Uhr | Tipp Lernen Sie in einem von Pia Hess' Kursen, wie Sie Ihre Kosmetik mit wenigen Zutaten selbst herstellen können. Informationen auf http://www.pianaturkosmetik.ch.

56 Der Länggass-Teeladen

Berns Kompetenzzentrum für Tee

Tee ist nicht gleich Tee. Deshalb werden hier seit über 30 Jahren nicht nur 400 Teesorten verkauft, unter denen sich zahlreiche Raritäten befinden, hier wird auch Hintergrundwissen über die 5.000 Jahre alte Geschichte des Tees und die Teekultur in Seminaren, Kursen und Schulungen vermittelt. Direkt neben dem Laden gibt es einen Raritätenraum, wo in Regalen seltene Sorten aus China, Korea und Taiwan lagern, die im chinesischen Stil verkauft werden: Kunden können vor dem Kauf verschiedene Tees in der traditionellen chinesischen Teezeremonie «Gong Fu Cha» probieren und erhalten so Einblicke in die Teekultur Chinas. Inhaber Gerhard Lange und sein Sohn Kaspar reisen jährlich für mehrere Wochen nach China, um dort die hochwertigen Sorten einzukaufen, die das Land nicht exportiert und die sie deshalb nur vor Ort bekommen können. Wie beispielsweise die exklusiven Pu-Erh-Tees, die eine unbegrenzte Lagerzeit haben und auch nach vielen Jahren noch ein Genuss sind.

Eine knarrende Wendeltreppe im Laden führt hinauf zum ersten Stock, wo sich der Teeraum befindet. Hier wird «High Tea» zelebriert. Allerdings nicht wie in England um fünf Uhr nachmittags, sondern durchgehend von morgens bis abends. Traditionell wie in England wird der Tee aber mit Scones, Salzigem und Süssem auf einer Étagère serviert, auf Wunsch sogar die vegane Variante. Nur samstagmorgens fällt der «High Tea» aus, denn da gibt es das Samstagsfrühstück, das mittlerweile so legendär ist, dass man schon sechs Monate im Voraus reservieren muss. Daneben gibt es ein original japanisches Teezimmer, wo eine Urasenke-Teemeisterin zweimal wöchentlich japanische Teezeremonien durchführt.

Diverse Schweizer Hotels haben Länggass-Tee im Sortiment, und man trifft dort immer öfter auf Mitarbeiter, die vom Länggass-Team darin geschult wurden, Tee richtig zuzubereiten und zu servieren.

Adresse Länggassstrasse 47, 3012 Bern, Tel. +41(0)31/3021528, www.laenggasstee.ch | **ÖV** Bus 20 bis Haltestelle Mittelstrasse | **Öffnungszeiten** Mo 12–18 Uhr, Di–Fr 9–18 Uhr, Sa 9–17 Uhr | **Tipp** Steht Ihnen der Sinn nach der klassischen französischen Küche? Diese finden Sie im Restaurant Zum Blauen Engel im Seidenweg 9b, das in den Räumen einer ehemaligen Druckerei untergebracht ist.

57 Das Lederstrumpf-Relief

Erinnerung an James Fenimore Cooper

Man staunt nicht schlecht, wenn man plötzlich vor der Kupferplastik mit Indianer, Federschmuck und Tipi steht und auf einer Inschrift liest, dass James Fenimore Cooper (1789–1851) in diesem Haus den Lederstrumpf geschrieben hat. Stimmen kann das nicht, denn die fünf Bände der «Leatherstocking Tales» erschienen 1823, 1826, 1827, 1840 und 1841. Der amerikanische Schriftsteller lebte während seines siebenjährigen Aufenthalts in Europa mit seiner Familie, aber nur von Juli bis Oktober 1828 im Lorrainequartier. Vielleicht schrieb er da an den letzten Kapiteln seines Romans «The Wept of Wish-ton-Wish», der 1829 in London erschien. Möglicherweise schrieb er überhaupt nichts, denn er soll von Bern aus mit seiner Frau und den fünf Kindern ausgiebige Wanderungen ins Oberland und in die Alpen unternommen haben. Da fehlte ihm am Abend garantiert die Energie, um bei Kerzenschein zur Feder zu greifen.

Der im Tessin geborene Berner Maler und Bildhauer Serge Brignoni (1903–2002), der das grossformatige Kupferrelief im Jahr 1959 schuf, muss Lederstrumpf-Fan gewesen sein. Hätte er sonst ein über zwei Meter hohes Werk geschaffen, das eine Szene aus der legendären Romanreihe zeigt? Vielleicht sogar Uncas, den letzten Mohikaner? Oder Chingachgook?

Dass die Tafel neben dem Werk besagt: «James Fenimore Cooper schrieb in diesem Haus den Lederstrumpf» mag daran liegen, dass man den vielschreibenden Amerikaner fast nur mit den Lederstrumpf-Erzählungen in Verbindung bringt. Schliesslich gehörte der fünfbändige Romanzyklus bis in die 1970er Jahre hinein zur Standardlektüre junger Leser in den deutschsprachigen Ländern.

Das denkmalgeschützte Gebäude, in dem die Coopers seinerzeit drei Monate lang wohnten, wurde in den 1950er Jahren zur heutigen Steckgut-Schule umgebaut. Das Lederstrumpf-Relief befindet sich an der Aussenwand neben dem überdachten Eingang zum Schulgebäude.

Adresse Lorrainestrasse 84, 3014 Bern | ÖV Bus 20 bis Haltestelle Lorraine, dann 3 Minuten Fussweg | Tipp Lust auf kreative, raffinierte, vielseitige Küche und guten Wein? Dann schauen Sie mal im Restaurant du Nord in der Lorrainestrasse 2 vorbei.

58 Der legendäre Barry

Berühmtester Rettungshund der Welt

Angefangen hat alles im 17. Jahrhundert im Hospiz der Augustiner Chorherren auf dem Grossen Sankt Bernhard. Die Passüberquerung war damals zu jeder Jahreszeit lebensgefährlich. Die Mönche und Hospizdiener retteten Verschüttete und Verirrte. Man nimmt an, dass sie die ersten Hunde zum Dank für geleistete Dienste erhielten.

Aufgrund ihres Körperbaus, der ihnen auch im Tiefschnee die nötige Bewegungsfreiheit gestattet, wurden die Hunde zunächst zum Tragen und Ziehen von Lasten am Pass eingesetzt, später zur Suche nach vermissten und unter Lawinen verschütteten Personen. Als die Mönche bemerkten, dass die Zahl der Todesopfer am Pass dank der Hunde markant zurückging, begannen sie, die Tiere als Rettungshunde zu züchten. Im Laufe von 200 Jahren haben sie mehr als 2.000 Menschen gerettet. Keiner der Hunde hat jedoch so viele Menschen vor dem Tod bewahrt wie Barry.

Barry wurde 1800 im Hospiz geboren und war schon zu Lebzeiten berühmt, hat er doch bei der Bergung von 40 Menschen mitgeholfen. Um Barry kreisen viele Legenden um Gefahr, Heldentum und Tragik, nicht alle sind jedoch wahr oder belegt. So lässt sich nicht nachweisen, ob Barry 1812 tatsächlich von einem Lawinenopfer mit einem Wolf verwechselt und dabei mit einem Messer lebensgefährlich verletzt wurde. Fakt ist, dass ein Klosterdiener ihn auf Wunsch des Priors im selben Jahr nach Bern brachte, wo er 1814 starb. Nach seinem Tod liess ihn der Prior vom Grossen Sankt Bernhard für die Nachwelt präparieren. «Damit dieser treue Hund, der so vieler Menschen Leben rettete, nach seinem Tod nicht so bald vergessen sein wird», so der Prior.

Bis 2004 stand Barry in seinem ausgestopften Fell in einer Vitrine in der Eingangshalle des Naturhistorischen Museums. Zu seinem 200. Todestag widmete man ihm eine Dauerausstellung, die Fakten mit Fiktion, Geschichte mit Gegenwart verwebt.

Adresse Naturhistorisches Museum, Bernastrasse 15, 3005 Bern, Tel. +41(0)31/ 3507111, www.nmbe.ch | ÖV Tram 6/7/8 bis Haltestelle Helvetiaplatz | Öffnungszeiten Mo 14–17 Uhr, Di, Do, Fr 9–17 Uhr, Mi 9–18 Uhr, Sa, So 10–17 Uhr | Tipp Schauen Sie sich das einzigartige Nordlanddiorama im Altbau im ersten Obergeschoss an und erleben Sie den Zauber des Nordpols (Dauerausstellung).

BARRY

Der legendäre Bernhardinerhund

the Legendary St Bernard Dog

59 Der letzte Bär

Kurioses im Historischen Museum

Aufrecht steht das winzige Bärchen, das kaum grösser als eine Ratte ist, auf seinen Hinterbeinen. Die rechte Tatze stützt es auf ein Schwert, in der linken hält es ein Schild. Fast trotzig ist sein Blick. Beinahe so, als wolle es nachträglich den Truppen Napoleons trotzen, die am 5. März 1798 in Bern einmarschierten, die drei erwachsenen Bären aus dem Bärengraben nach Paris mitnahmen und das Neugeborene zurückliessen. Das Bärenbaby starb wenig später und wurde als letzter Bär von Bern ausgestopft.

Es gibt zwei verschiedene Sagen, wie die Bären zum Symbol Berns wurden. Die geläufigste ist die des Stadtgründers Herzog Berchtold V. von Zähringen, der bestimmte, dass die von ihm errichtete Siedlung an der Aare nach dem Tier benannt werden sollte, dass er zuerst erlegte. Dieses war ein Bär.

Nach einer anderen Sage soll eine Bärin die junge Witwe Mechthild im Wald vor einem Wolf beschützt haben. Mechthild irrte mit ihrem Kind auf der Suche nach einer Unterkunft umher. Ein hungriger Wolf nahm ihre Fährte auf. Wehrlos standen Mutter und Kind dem wilden Tier gegenüber. Eine Bärin hörte die Hilfeschreie und stellte sich dem Wolf entgegen. Herzog Berchtold, der die Schreie ebenfalls hörte, eilte herbei. Der Wolf war verschwunden, hatte die Bärin jedoch schwer verwundet. Sie machte Mechthild ein Zeichen, ihr zu folgen, und lief blutend zu einer Höhle, wo zwei Bärlein auf sie warteten. Sie leckte die beiden ein letztes Mal liebevoll und verstarb.

Der Herzog war vom Heldenmut und der Mütterlichkeit der Bärin so gerührt, dass er die Bärenjungen adoptierte und für sie sorgte. Spontan beschloss er, an dieser Stelle eine Stadt zu gründen. Der Ort sollte in Erinnerung an die Bärenmutter Bärn heissen und einen Bären im Wappen führen. Der Ort hatte seinen Namen und Bern die ersten Bären. Wer weiss, vielleicht war die Bärin ja eine Urahnin des kleinen ausgestopften Bärchens.

Adresse Bernisches Historisches Museum, Helvetiaplatz 5, 3005 Bern, Tel. +41(0)31/3507711, www.bhm.ch | **ÖV** Tram 6/7/8 oder Bus 19 bis Haltestelle Helvetiaplatz | **Öffnungszeiten** Di–So 10–17 Uhr | **Tipp** Schauen Sie sich unbedingt die Dauerausstellung Bern und das 20. Jahrhundert an.

60_Das Lichtspiel

Ein lebendiges Denkmal für den Film

In hohen Regalen stehen dicht gedrängt Hunderte von Projektoren aus allen Jahrzehnten des Films, Ersatzteile, Filmspulen und Ausrüstung, die man früher am Filmset benötigte. Die Wände sind gesäumt von sperrigen Kinoprojektoren, deren Rattern und Summen im Zeitalter der Digitalisierung längst aus den modernen Lichtspielhäusern verschwunden ist. Ein Schaulager für das Publikum. Es ist wie eine Zeitreise durch die Geschichte des Films. Zwischen Projektorengalerie und Bar reihen sich rote Kinosessel aus Plüsch. Die Leinwand senkt sich erst bei Vorstellungsbeginn von der Decke. Mit Absicht, denn so kann das Publikum seinen Blick auf das Schaulager richten. Das Kino ist Teil der riesigen Haupthalle der Kinemathek, die sich seit 2012 im ausgebauten Dachgeschoss der ehemaligen Strickwarenfabrik Ryff befindet.

An dem endlos langen Gang vor der Halle liegen Werkstätten, in denen Filme für die Projektion vorbereitet und Projektoren repariert werden, Büros und Bibliotheken mit Filmbüchern. Der Gang führt in einen weiteren Saal, das Filmstudio, an dessen Wänden sich einsehbare Lagerschränke dicht an dicht reihen, die vollgestopft sind mit Kameras, Fotoapparaten und Visionierungsgeräten. Vor den Schränken und auf den Tischen stapeln sich Filmrollen in allen Grössen und Farben.

In der Kinemathek wird alles gesammelt, was mit dem Kino zu tun hat: Filmdosen, Kohlestifte, Reparaturmaterial und Ersatzteile. Über 24.000 Filme lagern im Kühlraum, darunter Kurzfilme, Wochenschauen, Dokumentar- und Musikfilme, seltene Filmkopien, Unikate und Filme, die es nie ins Kino geschafft haben. Einmal jährlich findet der Home Movie Day statt. Wer zu Hause einen alten Film von Familienfesten, Urlaub oder anderen Ereignissen hat, jedoch nicht den passenden Projektor, kann ihn sich zusammen mit Familie, Freunden, Verwandten und Bekannten im Kino Lichtspiel anschauen.

Adresse Kinemathek Lichtspiel im Filmhaus, Sandrainstrasse 3, 3007 Bern | **ÖV** Tram 9 Richtung Wabern bis Haltestelle Sulgenau, dann 5 Minuten Fussweg | **Öffnungszeiten** Kino Lichtspiel: bei öffentlichen Veranstaltungen ab 19 Uhr (Filmbeginn 20 Uhr), Infos auf http://www.lichtspiel.ch, Besichtigung der Kinemathek nur auf Anfrage, Tel. +41 (0)31/3811505 | **Tipp** Sonntags-Kurzfilmprogramm: Jeden Sonntag ab 20 Uhr werden filmische Leckerbissen aus dem Archiv der Kinemathek gezeigt.

61 Der liegende männliche Akt

Verstecktes Juwel in der Gewerbeschule

Fast verloren steht der Brunnen mit dem liegenden männlichen Akt im offenen Parterre des Hauptgebäudes der GIBB (Gewerblich-Industrielle Berufsfachschule Bern). Irgendwie passt er gar nicht an diesen doch eher nüchternen Ort. Der Berner Bildhauer Walter Linck (1903–1975), Absolvent der Hochschule für Bildende Künste in Berlin, fertigte die Bronzeplastik im Auftrag der Stadt Bern für das 1939 neu eröffnete, damals hochmoderne und städtebaulich avantgardistische Gebäude an.

Begeistert schrieb die Zeitschrift «Das Werk: Architektur und Kunst» in Heft 7 des Jahres 1940 über den Bronzebrunnen: «Die waagrechte, schwimmende Figur passt ausgezeichnet in den etwas gedrückten Erdgeschossraum mit den wuchtigen Pfeilern». Vor über achtzig Jahren bildete das Kunstwerk ganz sicher einen fantastischen Kontrast zur modernen Architektur von Hans Brechbühler (1907–1989). Der junge Architekt, Student bei Karl Moser (siehe Pauluskirche) an der ERTH Zürich und später Praktikant des legendären Le Corbusier in Paris, wurde mit dem Bau der weithin sichtbaren Gewerbeschule an der Lorrainestrasse als Vertreter des «Neuen Bauens» im Geiste seines grossen Vorbilds Le Corbusier bekannt.

Heute wirkt der wenig beachtete Brunnen mit der Bronzeskulptur, die fast zu schweben scheint, in dem grauen Parterre irgendwie fehl am Platz. Gerade so, als hätte man ihn nur kurz dort abgestellt, um ihn wenig später in einem hübschen Park aufzustellen.

Walter Linck, der wenige Jahre zuvor die Figur eines «heimkehrenden Berner Reisläufers mit steigendem Bärlein» auf dem Bärenplatzbrunnen geschaffen hatte, gab seinem Werk in der GIBB keinen Namen. So ist der Brunnen in der Brunnenstadt Bern, wo es weit über hundert öffentliche Brunnen gibt, allgemein als «Gewerbeschulebrunnen» bekannt. Auch wenn er heute wenig beachtet ist, so ist er nichtsdestotrotz ein Hingucker. Ein verstecktes Juwel.

Adresse Lorrainestrasse 1, 3013 Bern | ÖV Bus 20 bis Haltestelle Gewerbeschule | Tipp Eine kleine Abkühlung gefällig? Die bekommen Sie im malerisch an der Aare gelegenen Lorrainebad am Uferweg.

62 Der Lischetti-Brunnen

Ein Brunnen für die Redefreiheit

Wer schon immer einmal auf einem Foto als Brunnenfigur posieren wollte, kann das am Postgassbrunnen dank Carlo Lischettis Installation «Keine Brunnenfigur» tun. Seit der Aktionskünstler die Metalltreppe mit Plattform über dem Brunnen anbringen liess, wird dieser auch Lischetti-Brunnen genannt. Die Übergabe seines Werks an die Öffentlichkeit im Jahr 1992 glich einem «Akt der Abrüstung» und zwar im wahrsten Sinne des Wortes: Wie ein Ritter, der in den Kampf zieht, stieg er in Ritterrüstung und mit Schwert die Metalltreppe hinauf. Als er sich oben seiner Rüstung entledigte, erklärte er diesen Akt zur Abrüstung.

Bekannt wurde der 2005 verstorbene Künstler in den frühen 70er Jahren mit seinem «Laboratorium für angewandte Umweltgestaltung» sowie dem «Büro Lischetti». Dort frönte er jeden Tag von 13.45 bis 17.45 Uhr dem Nichtstun. «Es ist einfach schön, im eigenen Büro zu sitzen und nichts zu tun», erklärte er. Der Erfinder des immerwährenden Kalenders, der nur aus einem Blatt mit dem Datum «Heute» besteht, gab seine Tätigkeit oft mit «Gegenwart» an: «Die Vergangenheit kann uns einholen, die Zukunft kann uns abholen, der Gegenwart putzt nach allen Seiten.»

Inspiriert zur Schaffung der Metalltreppe wurde Lischetti durch eine seiner Aktionen aus dem Jahr 1974, als er sich als lebende Statue auf dem Podest des Postgassbrunnens fotografieren liess, in der einen Hand einen zerbrochenen Krug mit einer Eule, in der anderen eine Scherbe. Mit der Treppe wollte Lischetti die bernische Variante zur Speakers' Corner im Londoner Hyde Park schaffen. «Gib Rat dem Rat» war seine Forderung. Eine Anspielung auf die unmittelbare Nähe des Rathauses? Die Redefreiheit für «alle oder keinen» sollte auf dem Sockel beginnen. Bloss redet keiner. Die Einzigen, die auf die Plattform am oberen Ende der Treppe steigen, sind Touristen, die sich als Brunnenskulptur auf Fotos verewigen lassen.

Adresse Rathausplatz 2, 3011 Bern | ÖV Bus 12 bis Haltestelle Rathaus | Tipp Beim Bärengraben schwebt Lischettis Skulptur «Balancierender Bär» über den Köpfen der Passanten auf den Tramleitungen.

63 Der Literaturweg

Die Nachtgänge von Friedrich Dürrenmatt

«Ich hätte den bösen Wald nie betreten dürfen», steht auf Tafel 7 am Emmentaler Literaturweg. Es ist ein Satz aus der Ballade von Midas. Als Kind ging der Schriftsteller Friedrich Dürrenmatt oft durch diesen Wald. Immer dann, wenn er seinen Vater, den Pfarrer, zu seinen Predigten in Nachbardörfer oder zu Sterbenden in einsam gelegenen Bauernhäusern begleitete. Auf dem Nachhauseweg, als es im Wald stockdunkel war, erzählte ihm sein Vater oft von den griechischen Sagen, ihren Helden und Ungeheuern. «Nachtgänge mit Vater», nannte Dürrenmatt diese Wanderungen.

Der im April 2008 eingeweihte Emmentaler Literaturweg ist dem berühmten Sohn Konolfingens gewidmet. Er führt hin zu Orten, an die sich Dürrenmatt in seinem späteren Prosawerk erinnerte. 15 Tafeln geben anhand von Zitaten Einblicke in das Werk des Schriftstellers. Der Weg beginnt am Kreuzplatz im Zentrum des kleinen Städtchens mit Tafel 1, auf der Dürrenmatts spezieller Dorfplan von Konolfingen verewigt ist. Vorbei an seinem Elternhaus, dem Pfarrhaus am Kirchweg, dem Friedhof, dem Schulhaus und der Ebene mit dem sauren Klee geht es hinauf in den Wald zum Predigtweg und zum Aussichtspunkt Rütteli, der einen herrlichen Blick auf die Alpen und das Aaretal freigibt. Hier befindet sich Tafel 10 mit Dürenmatts Schweizerpsalm. Auf dem Rückweg Richtung Stalden befindet sich die letzte Tafel (15) mit Dürenmatts Federzeichnung «Die beiden Tiere».

Die meisten Texte auf den Tafeln stammen aus dem Spätwerk «Labyrinth, Stoffe I–III». 1935 zog die Familie Dürrenmatt nach Bern: «Mit 14 Jahren musste ich das Dorf verlassen, mein Vater nahm eine Stelle in der Stadt an. Aus dem Übersichtlichen, aus den vertrauten Schleichwegen in den Kornfeldern, Tennen und Wäldern, verirrte ich mich ins Unübersichtliche, aus dem es keinen Weg nach aussen mehr gab. Das Labyrinth wurde Wirklichkeit», ist auf Tafel 5 zu lesen.

Adresse Emmentaler Literaturweg, Kreuzplatz, 3510 Konolfingen, Informationen bei Emmental Tourismus, www.emmental.ch | ÖV S 2 bis Bahnhof Konolfingen (Fahrtzeit circa 20 Minuten). Die Wanderzeit beträgt etwa 2,5 Stunden, der Weg ist von A bis Z ausgeschildert. | Tipp Lust auf einen leckeren Sonntagsbrunch? Den gibt es von 11.30–14.30 Uhr auf Schloss Hünigen in Konolfingen.

64_Der MAISONART CONCEPT STORE

Skandinavisches Flair in der Herrengasse

Es ist der Laden mit der wohl schönsten Schaufenstergestaltung der Herrengasse. Man steht davor und bekommt beim Anblick all der schönen Dinge einfach gute Laune. Hier findet frau alles, was ihr Herz höher schlagen lässt. Möbel und Accessoires für den Garten, die man sonst in exklusiven Wohnmagazinen sieht, dehnen sich vom Schaufenster bis auf beide Seiten des Gehwegs aus. Runde Vogekäfige, Blumenregale, Gartenbänke, Tische und Stühle im Antik- und Shabby-Chic-Look, Vogeltränken, Tabletts, Etageren, Vasen, aussergewöhnliche Blumentöpfe und eine grosse Auswahl an wunderschönen Laternen. Zwischen all diesen weissen Möbeln und Accessoires vor dem Laden und im Schaufenster fühlt man sich wie in einem Garten irgendwo in Dänemark. Dass die Inhaber Christine und Laurent Balbi ihre Waren mit sehr viel Herzblut einkaufen, sieht man auf den ersten Blick.

Das Haus, in dem sich der Laden befindet, wurde 1886 ursprünglich als Wohnhaus gebaut und nach einem Umbau 1907 viele Jahre lang als Schulhaus für eine Lateinschule genutzt. Ein weiterer Umbau 2003 schuf im Erdgeschoss Platz für einen Laden. Als Christine und Laurent Balbi das MaisonArt 2007 eröffneten, fingen sie mit Innendekoration an und haben dann ihr Angebot den Kundenwünschen entsprechend erweitert. Im Laden mit seiner einzigartigen Gewölbedecke und den wunderschönen Rundbogenfenstern findet man neben Wohnaccessoires wie Lampen, Kerzenständern und Bilderrahmen auch Accessoires für einen schön gedeckten Tisch. Dezenter und ausgefallender Modeschmuck funkeln um die Wette. Die Dinge stammen aus ganz Europa, vieles kommt aus Dänemark. Im hinteren Teil des Ladens hängen Kleider, darunter Kollektionen von Avoca, Alchemist, Tom Joules, Blue Sport Denmark, Copenhagen Luxe, Schuhe sowie eine grosse Auswahl an Tüchern und Schals.

Adresse Herrengasse 36, 3011 Bern, Tel. +41 (0)31/3113030 | **ÖV** Bus 10, Tram 7/8/9 bis Haltestelle Zytglogge | **Öffnungszeiten** Di – Fr 10 – 18 Uhr, Sa 10 – 16 Uhr | **Tipp** Das Restaurant De Fusco, Herrengasse 24, bietet authentische, einfache und ehrliche italienische Küche in heimelig familiärer Atmosphäre. Pasta – frisch zubereitet, begleitet von einer feinen Auswahl an Weinen und einem exquisiten Angebot an Grappa.

65 Marians Jazzroom

Kultstätte des Jazz

Sobald die ersten Blues-Rhythmen oder Saxofonklänge ertönen, taucht man im schummrigen Licht des Jazzrooms in eine andere Welt ab. Mit einem Mal scheint die Zeit stehen zu bleiben, und man fragt sich, ob man sich tatsächlich in Bern und nicht etwa in Chicago befindet. Denn die roten, samtbezogenen Stühle und Bänke, die runden Holztische, die sich rund um die Bühne gruppieren, und die gelben Wände, die übersät sind mit Fotografien berühmter amerikanischer Jazz- und Bluesmusiker, erinnern an die berühmten Blues Bars in Chicago. Und mit diesen kann sich Marians Jazzroom durchaus messen.

Obwohl erst 1992 eröffnet, gehört er bereits zu den besten Jazzclubs der Welt. Es sei der einzige Club dieser Art in Europa, sagen die Musiker, die hier aufgetreten sind. Und davon gibt es einige. Seit Bestehen des Jazzrooms standen Hunderte Topstars der internationalen Jazz-, Blues-, Rhythm- and-Blues- und Gospelszene auf der kleinen Bühne. Darunter die Sängerinnen Dianne Reeves, Bonnie Tylor, Joan Faulkner und Maxine Weldon, die Trompeter Hazy Osterwald, Don Sickler und Doc Cheatham sowie die Gitarristen Dickie Thompson, Foxy Mills, Russ Spiegel und die Klarinettisten und Saxofonspieler Peanuts Hucko, Sil Austin und Donald Harrison.

Seit einigen Jahren ist Marians Jazzroom auch Austragungsort des seit 1976 zwischen März und Mai stattfindenden zehnwöchigen Internationalen Jazzfestivals.

Der Eingang zum Jazzroom im Untergeschoss des Hotels Innere Enge befindet sich in einem Original-Sandsteingewölbe. Davon existieren in Bern heute nur noch zwei. Der Raum, der Platz für 130 Personen bietet, ist ein Live-Museum mit persönlichen Gegenständen berühmter Musiker, wie Briefen von Louis Armstrong und Sidney Bechet, den beiden wichtigsten Solisten des frühen Jazz, der Fliege des Jazz-Gitarristen Eddie Condon und vielem mehr.

Adresse Hotel Innere Enge, Engestrasse 54, 3012 Bern, Tel. +41(0)31/3096111, www.mariansjazzroom.ch | **ÖV** Bus 21 bis Haltestelle Innere Enge | **Öffnungszeiten** Showtime ist Sept. –Mai, da werden von Di-Sa pro Abend zwei Konzerte durchgeführt. | **Tipp** Verbringen Sie eine Nacht in einem der 14 Themenzimmer des Hotels Innere Enge – «The World's Unique Jazz Hotel». Jedes Zimmer ist einem berühmten Jazzmusiker gewidmet und mit dessen persönlichen Gegenständen ausgestattet.

66 Die Marzilibahn

Die kürzeste Standseilbahn der Schweiz

Als die Bahn am 18. Juli 1885 ihren Betrieb zwischen dem Marzili-Quartier und der Bundesterrasse aufnahm, nannte die «Berner Volkszeitung» in Herzogenbuchsee sie spöttisch «Blitzzug für Bundesbeamte, damit gewisse Herren sich früher an die Arbeit machen können, als es bisher der Fall war».

Mit ihrer einfachen Antriebstechnik war die Marzilibahn damals ein kleines Weltwunder. Als Wasserballastbahn gebaut, wurde an der oberen Station ein Tank unter der Kabine mit Wasser aus dem Stadtbach gefüllt, das sich in einem Reservoir unter der Bundesterrasse befand. Ein Wagentank fasste bis zu 3.500 Liter Wasser. Der hinabfahrende Wagen zog durch sein Gewicht den aufwärts fahrenden Wagen nach oben. Unten wurde der Tank in den Sulgenbach entleert. Der Abfluss von der Talstation in den Sulgenbach mündete unter der Dalmazibrücke in die Aare. Eine normale Tankfüllung reichte für sechs bis zehn Passagiere. Waren es mehr, musste mit einem Klingelsignal mehr Wasser verlangt werden. Als Regel galt: für bis zu zwölf Personen ein kurzes Signal, für mehr als zwölf zwei kurze Signale. Maximal konnten 30 Personen gleichzeitig pro Wagen transportiert werden.

Als die Marzilibahn nach fast 90 Jahren, rund 25 Millionen Passagieren und 747.000 zurückgelegten Kilometern Altersschwäche zeigte, es an Personal mangelte und zudem das Wasser für den An- und Betrieb unerschwinglich geworden war, wurde ein Neubau der Bahn beschlossen. Im September 1973 wurden die alten Wagen abtransportiert. Im April 1974 konnte die neue Marzilibahn mit nun roten anstatt braunen Wagen, neuer automatischer Steuerung, Gleisanlage und Billet-Automat den Betrieb aufnehmen. Sie erhielt den neuen Namen «Drahtseilbahn Marzili». Seit dem Umbau wird die Bahn mit Strom betrieben. Für die Fahrt auf einer Streckenlänge von 105 Metern hinunter ins Marzili-Quartier benötigt sie eine Minute und überwindet dabei 31 Höhenmeter.

Adresse Bundesterrasse 7, 3011 Bern, Tel. +41(0)31/3110044, marzilibahn.ch | **ÖV** Bus 10 bis Haltestelle Bundesplatz | **Öffnungszeiten** Fahrplan: täglich 6.15–21 Uhr | **Tipp** Steht Ihnen der Sinn nach Savoir-vivre-Flair? Gehen Sie ins typisch französische Bistrot Marzer in der Brückenstrasse 12 im Marzili.

67_Der Mattebach

Wahrzeichen des Mattequartiers

Schriftlich erwähnt wird der kleine Bach im Unterstadtquartier erstmals 1360. Damals stellte er die Brauchwasserversorgung des Quartiers sicher. Entlang des Baches hatten die Gerber ihre Bottiche. Unterhalb des Mühlenplatzes zeichnet sich noch heute bei feuchter Witterung ein Ring ab, der von den Überresten eines Bottichs stammt. Obwohl der Mattebach der Aare entspringt, lebt ausser den kleinen, nachtaktiven Groppen keine andere Fischart in ihm. Die Groppe zählt heute zu den gefährdeten Tierarten. Obwohl sie kaum bekannt ist, hat sie es in der Schweiz 2014 zum Fisch des Jahres gebracht und in der Mattenenge sogar zur Brunnenfigur. Seit Jahrhunderten ziert der Fisch mit seinen vorne am Kopf sitzenden Glupschaugen den Brunnen in der Mattenenge unter der Nydeggbrücke.

Bis zum 19. Jahrhundert war der Mattebach in seiner gesamten Länge offen und schlängelte sich längst nicht so gerade wie heute durch das Quartier. Aus verkehrstechnischen Gründen erfolgte die Eindeckung in der zweiten Hälfte des 19. Jahrhunderts. Wie ein kleiner Kanal fliesst der Bach seitdem eingebettet in Beton. Auf dem Grund des niedrigen Wassers liegen Flusskiesel, an manchen Stellen riesige Steine. Im Schulhausbereich der Gerberngasse befindet sich eine kleine Schleuse zur Aare.

In früheren Jahrhunderten standen entlang des Ufers Waschhäuschen. Waschen war damals harte körperliche Arbeit. Wer es sich leisten konnte, liess deshalb seine Wäsche von Wäscherinnen reinigen. Im Mattequartier gab es damals fünf Waschhäuschen, wovon heute noch eines in der Gerberngasse 29 existiert. Wie alt es ist, ist nicht bekannt. Historische Dokumente belegen, dass es schon im 17. Jahrhundert hier stand. Das «Wöschhüsi» wird vom Wöschhüsiverein betreut, für kulturelle Veranstaltungen in der Matte verwendet und kann für Events und private Anlässe gemietet werden.

Adresse Gerberngasse, 3011 Bern | **ÖV** Mattelift an der Münsterplattform oder mit Bus 12 bis Haltestelle Nydegg, dann Nydeggtreppe | **Tipp** Originelle Post- und Kunstkarten sowie kleine Geschenkideen finden Sie bei Einfach Lesen in der Badgasse 4.

68 Die Matte Brennerei

Absinthe & Gin aus dem Berner Mattequartier

Herz der Brennerei ist der prächtige, 100 Liter fassende Kupferkessel. Hier entstehen nicht nur die edlen Brände, hier machen in Brenn-Workshops Teilnehmer und Teilnehmerinnen ihren eigenen Gin – und zwar in allen Schritten, von A-Z. Der erste Schritt beginnt mit der Zusammenstellung der Rezeptur, die auf Botanicals basiert. Diese werden in Alkohol eingelegt, der den Botanicals Farb- und Aromastoffe entzieht. Das Mazerat wird anschliessend zur Destillation in den Kupferkessel gefüllt, erhitzt und danach in Flaschen abgefüllt.

Als Lars Urfer und sein Team die Brennerei im Oktober 2016 eröffneten, erhielt Bern nach über hundert Jahren erstmals wieder eine Brennerei. Gebrannt wird in traditioneller Handarbeit mit natürlichen Rohstoffen. Der Wermut für den Matte Absinthe wächst im Val de Travers (Jura), der Geburtsstätte des Absinthes. Für den Matte Dry Gin werden neben feinsten Botanicals auch Ingwer-Trester vom lokalen Berner Ingwerlikör «Ingwerer» wiederverwertet. Weitere Botanicals, wie die Schlehenfrüchte für den Matte Sloe Gin, werden direkt am Ufer der Aare gesammelt. Ende 2020 entstand aus Aarberger Zuckerrüben ein Melasse Brand mit einzigartigem Schweizer Rum-Charakter (Summa Summarum). Zum Sortiment gehören zudem ein fassgelagerter Barrel Gin, der Meister Gin, gefärbt mit Schweizer Safran und gewürzt mit Kardamom, Glüh Gin für kalte Tage sowie der biologische Matte Organic Wodka.

Im Frühjahr 2021 lancierte die Matte Brennerei mit «Botanical Roots» eine eigene Tonic Water Serie. Und damit ist noch lange nicht Schluss, denn in der Matte Brennerei werden stetig neue und kreative Getränke getestet und ausprobiert.

In dem Backsteingebäude am Mühlenplatz werden nicht nur Absinthe und Gin gebrannt. Die Brennerei ist zugleich ein uriges Lokal im Stil der 1920er Jahre mit Klavier, Chaiselongue und einer kleinen Bühne, wo Degustationen stattfinden.

Adresse Mühlenplatz 5, 3011 Bern, Tel. +41(0)31/5352055, www.mattebrennerei.ch | ÖV Bus 12 bis Haltestelle Nydegg, dann kurzer Fussweg über Nydeggtreppe | Öffnungszeiten siehe Website | Tipp Lust auf Schokolade und leckere Brände? Machen Sie mit Chocobern eine «Schoggi- und Schnäpslitour», Infos auf: www.chocobern.ch.

69 Der Mattelift

Eine Fahrt mit Aussicht im ältesten Lift Berns

In weniger als 30 Sekunden geht es mit Sack, Pack und Liftboy 30 Meter hinunter zur Badgasse. Der Lift, auch Senkeltram genannt, der die Münsterplattform mit dem Mattequartier verbindet, ist seit 1897 in Betrieb. Fast hätte es ihn nicht gegeben, denn die Stadt lehnte das Projekt zunächst als Verschandelung der Münsterplattform ab. Schliesslich gäbe es ja die Mattentreppe hinter dem Münster, hiess es. Die «Elektronische Personenaufzug Matte-Plattform AG» setzte sich schliesslich durch, beauftragte das Berliner Unternehmen Siemens & Halske mit dem Bau und beförderte im ersten Jahr bereits 60.000 Fahrgäste.

Ursprünglich verfügte der Aufzug über zwei Kabinen. Um Personalkosten zu sparen, wurde die zweite Liftkabine jedoch im Jahr 1919 durch ein 2,5 Tonnen schweres Gegengewicht ersetzt. Seit seiner Renovierung 2008 besitzt der Lift eine verglaste Kabine mit Panoramafenstern und garantiert so während der Fahrt einen Rundumblick über das Mattequartier, die Aare und die hängenden Gärten hinter dem Wattenwyl-Haus.

Über 800 Passagiere befördert der Lift am Tag, die meisten von unten nach oben. Rund 300-mal ist er im Einsatz. Wenn im Mattequartier Flohmarkt oder auf der Münsterplattform Handwerksmarkt ist, wesentlich öfter, im Sommer, wenn die Stadt voller Touristen ist, befördert er an manchen Tagen sogar bis zu 4.000 Menschen. Acht Liftboys, allesamt Ruheständler, teilen sich die Tage und Schichten. Während der kurzen Fahrt bleibt immer Zeit für einen Schwatz mit den Fahrgästen: Schulkinder, Flugbegleiter auf dem Weg zum Bahnhof, vermeintliche Einheimische, die sich dann jedoch als Südamerikaner und Kanadier mit Schweizer Wurzeln entpuppen, und Stammkunden, darunter Bundesräte und Bewohner des Mattequartiers.

Der Lift fährt jeden Tag von morgens bis abends, sogar an Weihnachten und Neujahr.

Adresse Münsterplattform, 3011 Bern | **ÖV** Bus 12 bis Haltestelle Rathaus | **Öffnungszeiten** Betriebszeiten Mo–Sa 6–20.30 Uhr, So 7–20.30 Uhr | **Tipp** Nehmen Sie zurück nicht den Lift, sondern den idyllischen Bubenbergrain, der nur ein paar Meter vom Lift entfernt seinen Anfang nimmt.

70 Der Max-Daetwyler-Platz

Der erste Kriegsdienstverweigerer der Schweiz

«Der Krieg beginnt wie alles andere nicht dann, wenn er äusserlich in Erscheinung tritt, durch Fabrikation von Waffen, durch Militarisierung des Volkes, sondern er hat seinen Ursprung in der Gesinnung des Menschen, die verdorben sein muss, ehe sie die Vorbereitung des Krieges erlaubt», sagte Max Daetwyler 1916. Bei der Mobilmachung der Schweiz 1914 verweigerte er den Fahneneid aus Protest gegen den Krieg. Er wurde daraufhin in eine psychiatrische Klinik eingewiesen und aus der Armee ausgeschlossen. Aber nicht nur das – die Behörden wollten ihn aufgrund des psychiatrischen Gutachtens entmündigen. Dazu kam es nicht dank der Weigerung seiner Heimatgemeinde Zumikon. Nach seiner Entlassung gründete Daetwyler 1915 in Bern den Verein «Friedensarmee». Im November 1917 überzeugte er die Arbeiter von zwei Munitionsfabriken, ihre Arbeit niederzulegen, woraufhin er verhaftet und wieder in die Psychiatrie eingewiesen wurde. Als er entlassen wurde, war der Krieg vorbei. Er heiratete und zog in seine Heimatgemeinde zurück, wo er den Lebensunterhalt für seine Familie mit Strickwaren und der Zucht von biologischem Gemüse, Blumen und Bienen bestritt.

Aktiv wurde Daetwyler erst wieder 1932 nach einer Begegnung mit Mahatma Gandhi im Haus des französischen Schriftstellers Romain Rolland am Genfersee. Er startete weltweite pazifistische Aktionen und Friedensmärsche, ganz besonders nach Ausbruch des Zweiten Weltkriegs. Mit der weissen Fahne im Handgepäck reiste er zu den Krisenherden und Machtzentren der Welt und machte sich für den Weltfrieden und die Abrüstung stark. Regierungsvertreter empfingen ihn nur selten, dennoch wurde er als «Friedensapostel mit der weissen Fahne» zu einer Symbolfigur des Pazifismus. Der Verfechter der konsequenten Gewaltlosigkeit nach dem Vorbilde Gandhis starb 1976 im Alter von 90 Jahren in Zumikon.

Adresse Max-Daetwyler-Platz (nahe S-Bahn-Station Stade de Suisse), 3014 Bern | ÖV Bus 20 bis Haltestelle Wankdorf Bahnhof | Tipp Gönnen Sie sich eine Riesenradfahrt auf dem nahen Expo-Gelände.

71 Der Meret-Oppenheim-Brunnen

Das umstrittenste Kunstwerk der Stadt

Über die hohe Betonsäule, an der spiralförmig Wasser herunterfliesst, scheiden sich in Bern seit über drei Jahrzehnten die Geister. Für die einen stellt das dominierende Objekt auf dem Waisenhausplatz ein Schandmal dar, da es sich von den Sandsteinfassaden der Berner Altstadt so deutlich abhebt. Für die anderen ist es ein bedeutendes Kunstwerk. Meret Oppenheim schuf den Brunnen 1983 als Symbol des Wachsens und Lebens. Er war eines ihrer letzten Werke.

Als der Brunnen eingeweiht wurde, waren die bewässerten Spiralstücke noch kahl. Dass heute darin Gras und Moos wachsen, war von Oppenheim so gewollt. Ob die Künstlerin ahnte, dass sich im Laufe der Jahre durch das stark kalkhaltige Wasser Tuffsteinbrocken an der Säule bilden würden? Auch an deren Entfernung schieden sich die Geister. «Meret hat die Metamorphose gewollt! Von dünn und anständig zu unanständig dick, wie's die Natur eben macht», äusserte sich die Künstlerin Lilly Keller dazu. Da die Stabilität der Säule gefährdet war, wurde der Brunnen im 100. Geburtsjahr Oppenheims und 30 Jahre nach seiner Einweihung saniert und 400 Kilo Tuffstein abgetragen.

Die 1913 in Berlin geborene Oppenheim, die zeitlebens die Gemüter erhitzte, begann ihre Karriere im Paris der 1930er Jahre im Kreis der Surrealisten um André Breton, Marcel Duchamp und Max Ernst. Berühmt wurde sie damals durch zwei Dinge: Fotos von Man Rey von 1933, die sie nackt mit geschwärztem Arm hinter einer Druckerpresse zeigen, und ihr erstes bedeutendes Werk «Frühstück im Pelz», eine pelzbezogene Kaffeetasse mit ebenso pelzigem Unterteller und Löffel, die sie 1936 in den Kunstolymp katapultierte. Dass ihr umstrittener Brunnen heute international eines der bekanntesten Kunstwerke Berns ist und dass sich die Gemüter über seinen Standort noch immer erhitzen, würde Meret Oppenheim ganz sicher freuen.

Adresse Waisenhausplatz, 3011 Bern | **ÖV** Bus 12, Tram 7/8/9 bis Haltestelle Bärenplatz | **Tipp** Weitere Werke von Meret Oppenheim sehen Sie im Kunstmuseum in der Hodlerstrasse 8, nur wenige Schritte vom Brunnen entfernt.

72 Das Milieu

Kunst auf eigenen Wegen

Junge Künstler wollen ausgestellt werden – und das werden sie hier. In dem nicht profitorientierten kleinen Kunstraum stehen die Arbeiten junger Talente der Schweizer Kunstlandschaft und Absolventen von Kunsthochschulen im Mittelpunkt. Wobei sich «junges Talent» aber nicht ausschliesslich auf das Alter des Künstlers beziehen muss, sondern auch auf jung im Sinne von relativ neu in der Kunstbranche. Die regelmässig wechselnden Ausstellungen werden durch Musikperformances, Lesungen und andere Events ergänzt. Zusätzlich zu den Vernissagen findet jeweils ein Anlass statt, der versucht, sich der Thematik der Ausstellung zu nähern. Dieser muss nicht unbedingt mit Kunst zu tun haben. So wird beim Thema Geschwindigkeit gerne ein Rennfahrer eingeladen. Jede Ausstellung wird mit einer Edition im Buchformat oder auf Datenträger begleitet.

Ins Leben gerufen wurde das Milieu 2007 von Rémy Pia und Vinzenz Meyner im May-Haus, das mit seiner schmuckreichen Fassade mit den dekorierten Fensterrahmen und Einfassungen voller Fabelwesen, Büsten und Ornamente das wichtigste erhaltene Werk der Spätrenaissance in Bern ist. Seit August 2015 steht der Kunstraum unter der Leitung der vier jungen Künstler Simon Fahrni, Ramon Feller, Valerie Keller und Matthias Liechti. Finanziert wird er durch Stiftungsgelder.

Das Milieu-Team lädt Künstler auf drei Ebenen ein: regional, national und international. Es bietet den Raum, die Künstler dürfen ihn nach Belieben gestalten. Jeden zweiten Monat findet eine Ausstellung statt, insgesamt sechs im Jahr. Wichtig dabei ist die Unabhängigkeit der ausstellenden Künstler. Sie sind frei, das zu tun, was sie möchten, und nicht eingeschränkt durch die Ausrichtung auf den Verkauf.

In den Monaten, in denen keine Ausstellung stattfindet, arbeitet das Milieu mit diversen anderen Projekten zusammen, unter anderem mit dem Musikfestival.

Adresse Münstergasse 6, 3011 Bern, Tel. +41(0)31/3112106, www.milieu-digital.com | **ÖV** Bus 10, Tram 7/8/9 bis Haltestelle Zytglogge | **Öffnungszeiten** Sa 13–17 Uhr und auf Anfrage | **Tipp** Probieren Sie das typisch schweizerische Gericht Hörnli mit Gehacktem und Apfelmus im Restaurant Café Postgasse in der Postgasse 48. Dort geht die Milieu-Crew nach den Vernissagen mit den Künstlern essen.

73_Das Museum für Kommunikation

Eine Reise durch die Welt der Kommunikation

Am 1. April 1978 kam in der Schweiz das erste Mobiltelefon auf den Markt: das «nationale Autotelefon» NATEL A, ein 15 Kilogramm schwerer Koloss für rund 10.000 Franken. Ein Gespräch durfte maximal drei Minuten dauern und kostete nochmals fünf Franken. Drei Jahre später machte die Einführung der Taxcard das bargeldlose Telefonieren in Telefonzellen möglich. Mit der Zunahme der Mobiltelefonnutzung in den folgenden drei Jahrzehnten verschwanden die öffentlichen Fernsprecher und mit ihnen die Taxcards. Die letzte Telefonkabine der Swisscom wurde Ende 2019 in Baden abgebaut und steht heute im Depot des Museum für Kommunikation in Bern.

Kommunikation entwickelt sich unglaublich schnell. Heute steckt im Smartphone ein kleiner Gerätepark: Telefon, Computer, Fotoapparat, Radio, TV, Fernbedienung, Karte, Kompass, Taschenlampe, Schrittzähler und vieles andere – 40 Jahre werden zu einer kleinen Ewigkeit.

Die interaktiven Ausstellungen des Museums für Kommunikation machen diesen Wandel erlebbar. Hier wird sichtbar, wie Kommunikation den Alltag prägt und wie Menschen den Informationsaustausch gestalten. Denn ohne Kommunikation geht gar nichts.

Das Museum ist voll mit Dingen zum Ausprobieren und Geschichten zum Entdecken. Warum steht da ein abgebranntes Posträuber-Auto? Wer macht das lustigste Video beim Film-Karaoke? Weshalb sieht der erste Schweizer Computer aus wie eine Reihe von Wandschränken? Und wer turnt mit dem beliebten Roboter NAO?

Neben interaktiven Stationen, überraschenden Objekten und grossen Videobildschirmen vermitteln sogar Menschen aus Fleisch und Blut die Faszination rund um die Welt der Kommunikation. Sie denken sich jeden Tag neue Aktivitäten aus. Langeweile kommt hier garantiert nicht auf! So überrascht es wenig, dass das Museum 2019 den international begehrten Council of Europe Museum Prize.

Adresse Helvetiastrasse 16, 3005 Bern, Tel. +41(0)31/3575555 | **ÖV** Tram 6/7/8 oder Bus 19 bis Haltestelle Helvetiaplatz | **Öffnungszeiten** Di–So 10–17 Uhr | **Tipp** An der Station «Souvenir» haben Sie die Möglichkeit, sich Ihre ganz persönliche Briefmarke zu gestalten, und im hauseigenen Museumscafé gibt es neben Kaffee und Kuchen leckere Mittagsmenüs.

74 Der Nationalratssaal

Politik mit Bühnenbild

Die Idee war, den Saal wie ein Amphitheater zu bauen. Immerhin war die Schweiz 1848 das erste Land in Europa mit einer Demokratie, und ein Amphitheater unterschied sich vom Logentheater darin, dass man die Unterschiede der Stände nicht erkennen konnte. Der Architekt des Bundeshauses, Hans Wilhelm Auer, entschied sich für die Kopie eines Saals, den sein Kollege Gottfried Semper (Erbauer der Dresdner Semperoper) Jahre zuvor im Auftrag von König Ludwig II. von Bayern für ein Richard-Wagner-Theater in München konzipiert hatte, dessen Bau jedoch nie realisiert wurde. Und ganz wie im richtigen Theater bekam auch der Nationalratssaal ein Bühnenbild.

Das Bild, auf das die Mitglieder des Nationalrats während ihrer Sitzungen und Debatten schauen, ist das monumentale Gemälde «Die Wiege der Eidgenossenschaft» von Charles Giron, das die Landschaft um den Urnersee darstellt. Links sieht man unter der Seelisberger Felswand die Rütliwiese, den mythischen Gründungsort der Eidgenossenschaft. Hier soll der Legende nach das Bündnis der drei Urkantone Uri, Schwyz und Unterwalden geschlossen worden sein.

Ganz wie der Architekt es im Sinn hatte, werden die vom Parlament neu gewählten Bundesräte vor diesem Bild vereidigt. Symbolisch gesehen stehen sie während der Vereidigung auf der Rütliwiese und wiederholen den Schwur der drei Eidgenossen Werner Stauffacher (Abgesandter des Urkantons Schwyz), Walter Fürst (Kanton Uri) und Arnold von Melchtal (Urkanton Unterwalden) vom 8. November 1307. Links vom Wandbild sitzt in einer Nische der Freiheitsheld Wilhelm Tell auf einem Sockel, Pfeil und Bogen auf den Knien, rechts steht eine Statue der Stauffacherin, Symbolfigur der kühnen und energischen Schweizerin. Unterhalb der Decke sind rund um den Saal Wappen jener 59 Städte angebracht, die 1902, als der Nationalratssaal fertiggestellt wurde, die meisten Einwohner zählten.

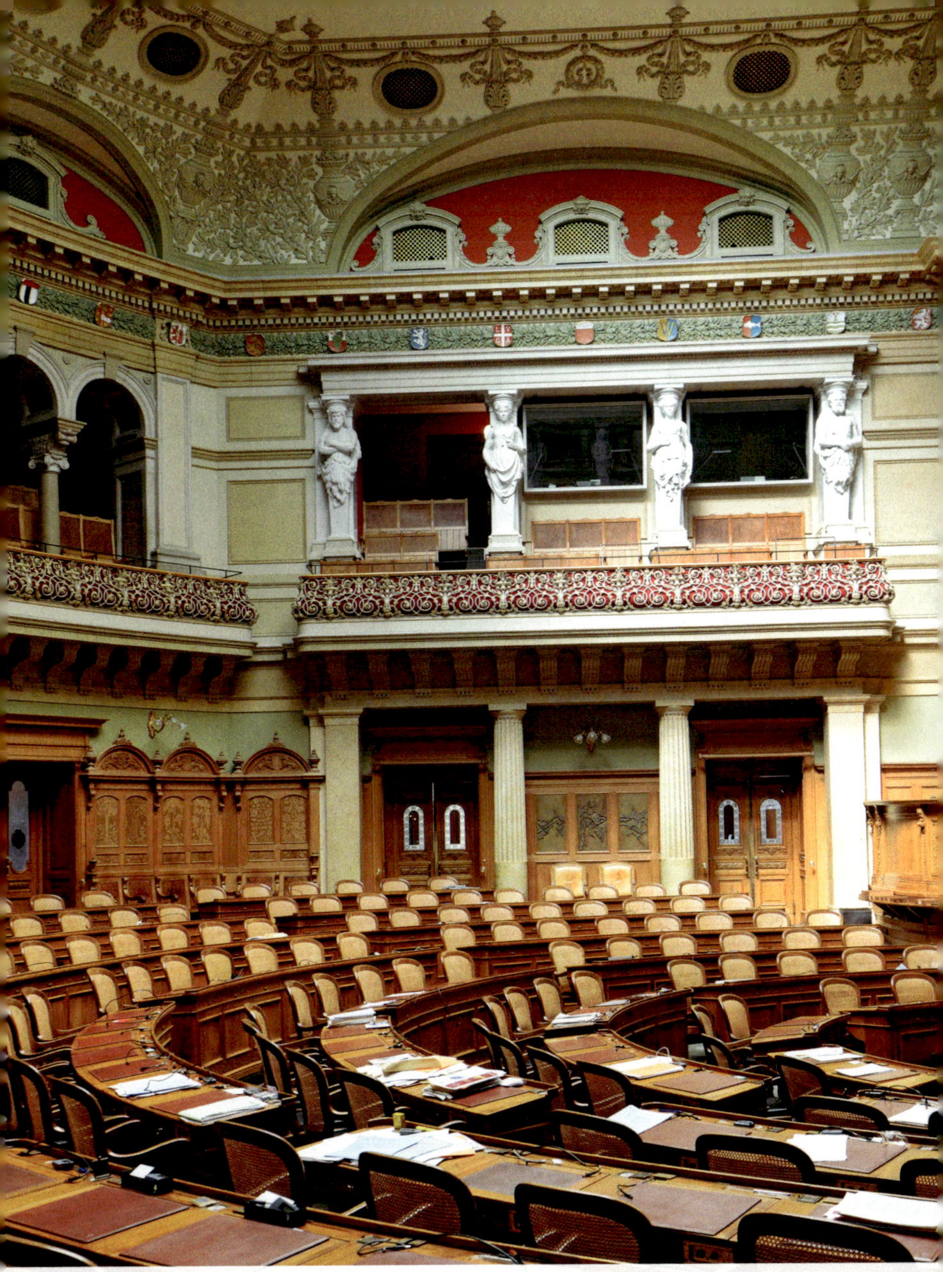

Adresse Bundeshaus, Bundesplatz 3, 3005 Bern, Tel. +41(0)/583229022 | **ÖV** Bus 10 bis Haltestelle Bundesplatz | **Öffnungszeiten** Führungen (1 – 9 Personen) Di – Sa 15 Uhr, Anmeldungen frühestens drei Tage im Voraus online: www.parlament.ch/de/services/besuch-im-bundeshaus/fuehrungen-durchs-bundeshaus | **Tipp** Nocciolato Specialty Coffee House in der Bundesgasse 20: Hier gibt es 30 selbst geröstete Kaffeevariationen, auf die auch die Nationalräte stehen.

75 Die Neubrücke

Älteste Holzbrücke im Kanton Bern

Wenn man frontal vor ihr steht, erkennt man sie kaum als Brücke. Schon gar nicht als Holzbrücke. Ihr stadtseitiger Eingang aus Sandstein ähnelt eher einem mittelalterlichen Stadttor. Oder einem Burgeingang. Schon allein wegen des alten Steinwappens von 1535 mit den beiden Bären und dem Reichsadler sowie dem kleinen Fähnchen, das auf der Spitze des Daches weht. Auf Fotos ist die Neubrücke meistens seitlich abgebildet, sodass man sie in ihrer ganzen Länge auf den vier sechseckigen Steinpfeilern sieht. Betritt man sie, steht man unter einer Konstruktion aus jahrhundertealten Holzbalken und kann sich das mittelalterliche Leben plötzlich gut vorstellen – sieht man von der asphaltierten Strasse unter dem Brückendach einmal ab.

Die Neubrücke, auch Neubrügg genannt, wurde 1466 gebaut und ist die älteste Holzbrücke im Kanton Bern. Sie spannt sich auf 91 Metern Länge westlich vom Bremgarten über die Aare. Der Bau stellte für die Menschen damals eine grosse Erleichterung dar, war die Flussüberquerung doch nicht ganz ungefährlich, es kam sogar vor, dass überladene Fähren auseinanderbrachen und Menschen ertranken.

Die Neubrügg machte die Bremgarten- und Dettigen-Fähren überflüssig, und so wurde 1469 der Betrieb eingestellt. Die Fährenbetreiber, die Johanniter von Münchenbuchsee, wurden von der Stadt für den Ausfall ihrer Einnahmen entschädigt.

Die Brücke wurde ursprünglich als reine Holzkonstruktion aus Tannen- und Eichenholz errichtet und erhielt kurz nach 1500 ein mit Schindeln gedecktes Dach. In den Jahren 1534/35 wurde sie neu gebaut und mit vier stabilen Steinpfeilern versehen. Im Laufe der Jahrhunderte wurde sie zwar immer wieder repariert, jedoch nicht wesentlich verändert. Die Jahreszahlen, in denen die Reparaturen stattfanden, sind in die Holzbalken eingekerbt. Gründlich renoviert und überholt wurde die alte Brücke letztmals 1975/76.

Adresse Neubrücke, 3037 Bern | **ÖV** Bus 21 bis Haltestelle Bremgarten Stuckishaus, dann kurzer Fussweg | **Tipp** Schon lange nicht mehr geradelt? Dann lassen Sie den Bus links liegen und radeln durch den Bremgartenwald zur Neubrücke!

76__Nila Moti

Ein buntes Stück Indien im Mattequartier

Dass sie helfen wollen, war Monica und Michel Matter klar, als sie vor über 40 Jahren als junge Menschen zum ersten Mal durch Rajasthan reisten und die Situation von bedürftigen Müttern in den ländlichen Gegenden sahen. Während ihrer weiteren Reisen nach Indien fingen sie an, Textilien zu kaufen und diese zu Hause in der Schweiz an Freunde weiterzuverkaufen. Ihr Engagement führte 1992 zur Gründung der Nila-Moti-Stiftung und der Eröffnung der gleichnamigen Boutique im westschweizerischen Penthalaz. Mit dem Erlös der dort verkauften handgefertigten Kleider und Accessoires aus Indien wollten sie den Bau eines Fair-Trade-Handwerkszentrums zur Unterstützung der mittellosen Frauen und der traditionellen Handarbeiten im ländlichen Rajasthan finanzieren. Bis dahin war es allerdings noch ein weiter Weg.

1996 gründeten Monica und Michel Matter den «Nila Moti Trust» in Jaipur, der ein Jahr später von der indischen Zentralregierung autorisiert wurde. 2001 fand schliesslich die Eröffnung des Handwerkszentrums in dem kleinen Dorf Khimsar statt, das für 15 junge, bedürftige und alleinstehende Mütter feste Arbeitsplätze mit geregeltem Einkommen, guten Sozialleistungen und angenehmen Arbeitsbedingungen schuf. Heute beschäftigt die Stiftung rund 80 Frauen. Die Kollektion der Kleider und Accessoires aus Stoffen, die Monica Matter auf einem Markt in Delhi kauft, wird direkt im Handwerkszentrum und in den beiden Nila-Moti-Boutiquen in der Schweiz verkauft.

Monica und Michel Matter eröffneten 2009 auch in Bern eine Nila-Moti-Boutique. Im Laden in der Gerberngasse leuchten in fröhlich bunten Farben handgefertigte Kleider, Tücher, Bettüberwürfe, Accessoires und Taschen aus Naturmaterialien wie Baumwolle und Seide. Auch Stoffelefanten und Schmuckstücke gehören zum Sortiment. Der Verkauf der Handarbeiten ermöglicht es den 80 Frauen und Müttern in Rajasthan, ihre Arbeit weiterzuführen.

Adresse Gerberngasse 36, 3011 Bern, Tel. +41(0)31/3320120, www.nilamoti.org | ÖV Bus 12 bis Haltestelle Nydegg | Öffnungszeiten Mi – Fr 13.30 – 18 Uhr, Sa 10 – 15 Uhr | Tipp Das Matte-Lädeli in der Gerberngasse 21 ist der letzte Quartierladen der Altstadt und zeigt, wie man Tante Emma aus dem Altersheim holt.

77__Der Nougat- und Teeladen

Ein Stück Provence in der Rathausgasse

Fast übersieht man ihn. Denn schaut man durch das Schaufenster in den Nougatladen hinein, fragt man sich, ob man sich vielleicht in der Hausnummer geirrt hat. Zahlreiche Kristallleuchter hängen von der Decke, im Eingangsbereich stehen antike Tische und Stühle. Alles deutet auf einen Antiquitätenladen hin. Erst wenn man durch die Tür tritt, sieht man auf der linken Seite Regale, die mit Nougat in allen Formen und Geschmacksrichtungen gefüllt sind: Nougat klassisch, hell oder dunkel, mit kandierten Früchten, mit Feigen, Maroni oder mit Krokant.

Bis 2009 wurden hier tatsächlich Antiquitäten verkauft. Einige davon hat Anita Schütz, Inhaberin des Ladens, von ihrem Vorgänger übernommen.

Die Leckereien in den Regalen kommen aus Montélimar, der Hauptstadt des Nougats. Geliefert werden sie von Arnaud Soubeyran, der ältesten Nougatfabrik, die in Montélimar noch fabriziert. Die Rezeptur reicht bis ins 16. Jahrhundert zurück, in die Zeit der Einführung asiatischer Mandelbäume in die Provence. Das Montélimar-Nougat besteht aus Lavendelhonig und Mandeln aus der Provence, Wasser, Zucker, Pistazien, Vanille, Eischnee und Glukosesirup. Der Samenkernanteil muss mindestens 30 Prozent betragen (28 Prozent geröstete Mandeln und 2 Prozent Pistazien). Nur dieser Nougat darf das Gütesiegel (AOC) und den Namen «Nougat de Montélimar» tragen. Die Qualität ist Anita Schütz sehr wichtig.

Weil zu einem Stück Nougat eine gute Tasse Tee gehört, gibt es in dem charmant-altmodischen Laden mit dem französischen Flair neben den Köstlichkeiten aus Montélimar verschiedene Tees aus dem Laden in der Länggasse (s. Seite 120) und passend dazu Teekannen, blumengemustertes Porzellan aus England und feine Teeschalen der Berner Keramikerin Noëlle Kim. Honig aus der Provence gibt es auch. Den allerdings nur dann, wenn Anita Schütz ihn aus ihrem Südfrankreichurlaub mitbringt.

Adresse Rathausgasse 4, 3011 Bern, Tel. +41(0)31/3118111 | ÖV Bus 10, Tram 7/8/9 bis Haltestelle Zytglogge | Öffnungszeiten Di – Fr 14 – 17 Uhr, Sa 11 – 17 Uhr | Tipp Schmuck und Schmuckes gibt es bei Carré in der Rathausgasse 28.

78 Die Parkanlage Elfenau

Das ehemalige Reich der Anna Feodorowna

«Die Elfen tanzen auf dieser Wiese – ich werde mein Gut Elfenau nennen», beschloss die russische Grossfürstin Anna Feodorowna, die das Gut 1814 erwarb. Sie liess es im Empire-Stil umbauen und einen englischen Park anlegen. Die exotischen Bäume wurden aus den Königlich Botanischen Gärten in Kew importiert. An der Ostseite des Hauses steht noch immer der mächtige japanische Schnurbaum, den die Grossfürstin pflanzen liess. Der Park, der zum grossen Teil in seiner ursprünglichen Form erhalten ist, gehört zu den wichtigsten englischen Landschaftsparks des frühen 19. Jahrhunderts in der Schweiz.

Anna Feodorowna war vor ihrer Heirat mit dem Bruder des späteren Zaren Alexander I. Prinzessin Juliane von Sachsen-Coburg und stammte aus dem gleichnamigen Herzogtum. Da ihr Gatte gewalttätig war und sie ständig misshandelte, flüchtete sie 1801 aus St. Petersburg und liess sich 1813 in Bern nieder. Die Scheidung von ihrem Mann Konstantin Pawlowitsch Romanow, mit dem sie 1796 im Alter von erst 14 Jahren verheiratet worden war, erfolgte 1820. Zu diesem Zeitpunkt hatte Anna Feodorowna bereits zwei uneheliche Kinder: Sohn Eduard, dessen Vater unbekannt ist, und Tochter Luise Hilda, die von ihrem Oberhofmeister, dem Arzt Rudolf Abraham von Schiferli, stammte. Die Schiferlis lebten mit ihren beiden Söhnen bei Anna Feodorowna auf Gut Elfenau. Aus heutiger Sicht fast eine Art Patchworkfamilie.

In den Jahren, in denen Anna Feodorowna auf dem Gut lebte, war die Elfenau internationaler Treffpunkt bedeutender Persönlichkeiten. Wer Rang und Namen hatte, kam zu ihren glanzvollen Empfängen. Trotz der Scheidung von ihrem Mann wurde sie von der Gesellschaft nicht gemieden, denn sie hatte den Rang und Titel einer russischen Grossfürstin behalten dürfen. Und immerhin war sie die Schwester von Leopold I., dem ersten König der Belgier, und die Tante von Viktoria, der Königin von England.

Adresse Elfenauweg 92, 3006 Bern | **ÖV** Bus 19 Richtung Elfenau bis Haltestelle Luternauweg | **Öffnungszeiten** durchgehend | **Tipp** In der Orangerie, in der Anna Feodorowna ihre Gäste empfing, findet heute ein vielfältiges Sommerkulturprogramm statt (www.orangerie-elfenau.ch).

79 Die Paul-Klee-Luft-Station

Erdnabel und Weltenbaum kombiniert mit der Spirale

«Diesseitig bin ich gar nicht fassbar. Denn ich wohne grad so gut bei den Toten wie bei den Ungeborenen. Etwas näher dem Herzen der Schöpfung als üblich. Und noch lange nicht nahe genug», lautet die Inschrift auf Paul Klees schlichtem Grab auf dem Schosshaldenfriedhof am Fusse eines Hügels, der nach einem Werk des Malers «Luft-Station» genannt wurde. Das Zitat stammt aus einem programmatischen Text Klees aus dem Jahr 1920. Spiralförmig, ja fast labyrinthisch, führt ein Pfad nach oben zum Aussichtshügel, der einen Blick auf den Bentiger Steinbruch freigibt, wo Paul Klee in seinen frühen Jahren oft zeichnete.

Die Benennung des Hügels erfolgte 2005 im Rahmen der Namensgebung für Wege und neue Strässchen in der Nähe des damals neu erbauten Klee-Zentrums und war rein assoziativ. In Paul Klees Werken gibt es verspielte Darstellungen von Hügeln dieser Art mit Schneckenwegen zum Aufsteigen, weshalb man diese Assoziation durchaus mit seinem Bildvokabular in Verbindung sehen kann. Das Werk «Luft-Station» bot sich für die Namensgebung an, weil der Titel einprägsam ist und die für Klee so typische Verbindung von Erde und Kosmos federleicht dargestellt wird.

Paul Klee verglich sich mit dem Stamm eines Baumes, dem über die Wurzeln als Sinnbild für die weitverzweigte Ordnung in «den Dingen der Natur und des Lebens» Säfte zuströmen, die er – «bedrängt und bewegt durch die Macht jenes Strömens» – in seine Werke einfliessen liess, welche er mit der Baumkrone gleichsetzte. Auf diese Weise wurde in seinen Werken «ein formaler Kosmos geschaffen, der mit der grossen Schöpfung solche Ähnlichkeit aufweist, dass ein Hauch genügt, den Ausdruck des Religiösen, die Religion zur Tat werden zu lassen». Klee verstand sich nicht nur als ein Geschöpf auf der Erde, sondern als «Geschöpf innerhalb des Ganzen.

Adresse Schosshaldenfriedhof, Ostermundigenstrasse 116, 3006 Bern (über den südlichen Eingang in der Nähe des Klee-Zentrums) | ÖV Bus 12, Haltestelle Paul-Klee-Zentrum (von hier aus sind es nur wenige Meter zu Fuss zum südlichen Eingang des Friedhofs) | Tipp Besuchen Sie das benachbarte Zentrum Paul Klee, wo sich die weltweit grösste Anzahl an Klee-Werken befindet.

80 Die Pauluskirche

Juwel des Jugendstils

Wäre der Entschluss der Gesamtkirchgemeinde der Stadt Bern, dem Länggassquartier eine eigene Kirche zu bescheren, nicht mitten in die vom Jugendstil geprägte Epoche gefallen, wäre die Bundesstadt heute um ein Juwel ärmer. So aber kam es, dass die Gemeinde im Jahr 1897 an Freienstrasse einen Bauplatz erwarb, und, nachdem die Finanzierung für den Kirchenbau gesichert war, einen Architekturwettbewerb ausschrieb. Diesen konnte Karl Moser unter 85 Mitbewerbern für sich entscheiden. Der gebürtige Aargauer betrieb damals zusammen mit Robert Curjel ein Architekturbüro in Karlsruhe. Das Duo hatte zwischen 1891 und 1893 bereits die Johanneskirche im Breitenrain-Lorraine-Quartier entworfen und sollte nun die bedeutendste Jugendstilkirche der Schweiz bauen.

«Glaube, Hoffnung, Liebe» lautet das Pauluswort, auf das die Kirche bei der Grundsteinlegung im November 1902 geweiht wurde. Moser & Curjel gestalteten das Innere im farbigen Jugendstil, verwendeten viele blaue und blaugrüne Farbtöne sowie Gold in der Dekorationsmalerei.

Die bildhauerischen Arbeiten für die Pauluskirche vergab Moser an seinen engen Freund Oskar Kiefer. Der Ettlinger Bildhauer schuf die monumentale Relieffigur des Apostels Paulus an der Hauptfassade sowie die den Innenraum dominierende Steinplastik «Jesus als Kinderfreund». Das seinerzeit umstrittene Werk über der Kanzel zeigt Jesus inmitten einer Schar von Kindern. Der Kirchgemeinderat kritisierte den «starren Ausdruck im unschönen Gesicht des Heilandes», das nicht zum Verkünder des Evangeliums der Liebe passen würde. Stein des Anstosses war allerdings die Hand eines der Kinder auf dem nackten Hintern eines Knaben. Der Rat stellte einstimmig den Antrag, dass die «Knabenfigur wo möglich einer nochmaligen Bearbeitung unterzogen werde». Die Steinplastik blieb, wie sie war. Die Kirche wurde am 3. Dezember 1905 feierlich eingeweiht.

Adresse Freiestrasse 8, 3012 Bern | ÖV Bus 20 bis Haltestelle Mittelstrasse, dann 3 Minuten Fussweg | Öffnungszeiten Mo–Fr 9–17 Uhr, Gottesdienst So 9.30 Uhr | Tipp Steinofenpizza oder ein rustikales Mittags-Menü? Beides gibt es im Restaurant Warteck im Hohgantweg 5.

81__PROGR

Vom Schulhaus zur Kulturfabrik

In den langen Gängen riecht es noch immer nach Schule, obwohl die Klassenzimmer auf beiden Seiten der Gänge längst nicht mehr als solche genutzt werden. Das 1885 errichtete Sandsteingebäude beherbergte früher eine Primarschule sowie das städtische Gymnasium, später das Progymnasium und verschiedene Berufsschulen. Bis zur Einstellung des Schulbetriebs 2004 wurde das Gebäude kurz Proger genannt, die Abkürzung für Progymnasium. Eigentlich wollte das Kunstmuseum Bern in den leer stehenden Räumen die Abteilung Gegenwartskunst einrichten. Da der Umbau aber erst 2006 beginnen sollte, wurde das Gebäude zur zweijährigen Zwischennutzung für Kulturschaffende freigegeben. Aus dem Proger wurde das «PROGR – Zentrum für Kulturproduktion», das günstigen Arbeitsraum für Künstler zur Verfügung stellt.

Als das Projekt der Abteilung Gegenwartskunst des Kunstmuseums aus finanziellen Gründen scheiterte und das Gebäude nach der Zwischennutzung verkauft werden sollte, schuf eine Künstlergruppe die Initiative Pro-PROGR, sammelte Gelder und erwarb die Liegenschaft, die seitdem von der Stiftung PROGR verwaltet wird.

In den ehemaligen Klassenzimmern sind 70 Ateliers untergebracht, die sich rund 200 Künstler aus den Sparten bildende Kunst, Musik, Tanz, Theater und Performance, Fotografie, Film, Literatur, Modedesign und Grafik teilen. Wo früher Lehrer konferierten, befindet sich heute die Café-Bar «Lehrerzimmer» mit Restaurant, Kunstraum, Buchhandlung und Galerie. Die tagsüber als Café und Restaurant genutzte «Turnhalle» bietet abends ein vielfältiges Programm mit Konzerten von «bee-flat» und verschiedenen eigenen Veranstaltungsreihen, die Aula wird vermietet.

In der öffentlichen Zone des PROGR befinden sich die «Galerie Bernhard Bischoff & Partner», die Stadtgalerie, die «Galerie 3000» sowie der «Kulturpunkt», in dessen Zentrum die Outsider-Kunst steht.

Adresse Waisenhausplatz 30, 3001 Bern, Tel. +41(0)31/3188270, www.progr.ch | ÖV Bus 20 oder Tram 7/8/9 bis Haltestelle Bärenplatz | Öffnungszeiten und Programm siehe Homepage. | Tipp Lust auf Pizza der feinen Art? Da müssen Sie nicht weit gehen. Im Ristorante Grissino am Waissenhausplatz 28 stehen zahlreiche Pizzen zur Auswahl.

82 Das Psychiatrie-Museum

Vom Tollhaus zur Kunstsammlung

Die permanente Ausstellung im Psychiatrie-Museum informiert Besucher über das Leben in Irren- und Heilanstalten – vom Mittelalter bis zum Beginn der Psychiatrie als Wissenschaft im 19. Jahrhundert und deren Weiterentwicklung bis heute mit den drei wichtigen Phasen: Zwangsmassnahmen, Kuren mit Stromschlägen und schliesslich die Behandlung mit Psychopharmaka. Prominente Patienten in der Psychiatrischen Klinik Waldau waren die Schriftsteller Friedrich Glauser, Begründer des deutschsprachigen Krimis, der wegen Drogenkonsum und Suizidversuchen von 1934 bis 1936 in der Waldau war und hier seinen Kriminalroman «Matto regiert» schrieb, und Robert Walser, der aufgrund von Halluzinationen und Angstzuständen ab 1929 vier Jahre in der Klinik verbrachte und während dieser Zeit 100 Gedichte verfasste. An den Wänden hängen Porträts von den Schriftstellern mit ihrer Kurzbiografie.

Die Idee für das Museum hatte der Psychiater Walter Morgenthaler, der 1914 das künstlerische Talent seines an Schizophrenie leidenden Patienten Adolf Wölfli entdeckte, der von 1895 bis zu seinem Tod im Jahr 1930 in der Anstalt lebte. Während seines 35-jährigen Aufenthalts schuf Wölfli ein umfassendes Werk aus rund 1.460 Zeichnungen, 1.560 Collagen und 25.000 Seiten mit Erzählungen, Gedichten und Musikkompositionen. Morgenthaler widmete seinem talentierten Patienten 1921 das Buch «Ein Geisteskranker als Künstler». Erst lange nach seinem Tod wurde Wölflis bildnerisches und dichterisches Werk, das sich gängigen ästhetischen Kategorien entzieht, einem breiteren Publikum bekannt.

Morgenthaler gab mit seinem Buch den Anstoss zur Beschäftigung mit der Kunst der «Geisteskranken». Ihm ist es zu verdanken, dass das Museum für seine Wechselausstellungen auf rund 5.000 hauseigene Exponate zurückgreifen kann. Morgenthalers Idee zu einem Museum wurde allerdings erst lange nach seinem Tod verwirklicht.

Adresse Bolligenstrasse 111 (spätbarockes Pfründnerhaus auf dem Areal der Waldau), 3000 Bern, Tel. +41(0)31/9309756 | **ÖV** S 44 bis Bern Wankdorf, Bahnhof, dort umsteigen in Bus 28 bis Haltestelle UPD Waldau | **Öffnungszeiten** Mi–Fr 14–17 Uhr, Sa 14–17 Uhr auf Voranmeldung | **Tipp** Die ungewöhnlichen Werke von Adolf Wölfli werden in der Adolf-Wölfli-Stiftung im Kunstmuseum Bern verwahrt, wo seine Bilder das ganze Jahr hindurch in wechselnden Sammelausstellungen zu sehen sind.

83 Die Puppenklinik

Eine Schatzkammer voller Puppen und Bären

Es ist, als begebe man sich mit dem Schritt durch die Tür in eine Zeitmaschine, in die Kinderstuben des 19. und frühen 20. Jahrhunderts. Puppendoktor und -sammler Max Pulver führt den kleinen Laden, den rund 1.500 Puppen und Teddybären aus aller Welt bis auf den letzten Zentimeter ausfüllen, seit 28 Jahren. Darunter sind Puppen von Armand Marseille, Käthe Kruse, Sasha Morgenthaler, Petitcollin und Schildkröt. Schwarze Puppen, Puppen im 20er-Jahre-Look, in Trachten, Uniform und feinsten Seidenkleidern. Schönheiten in Vinyl, Holz, Hartgummi, Celluloid und Porzellan. Die älteste Puppe stammt aus dem Jahr 1840. Der älteste Teddybär ist 104 Jahre alt. Sein Fell ist abgewetzt. Wurde er irgendwann einmal von einem Kind heiss geliebt?

Viele Puppen haben Charakterköpfe, angefertigt nach realen Vorbildern, mit rosigen Wangen und halb geöffneten Mündern, aus denen weisse Zähne blitzen. Sie blicken den Besucher neugierig, nachdenklich, skeptisch, erstaunt und schelmisch an. Manche Puppen sehen traurig aus. Jede von ihnen scheint eine Geschichte zu erzählen.

Max Pulver kam über seine Liebe zum Jugendstil zu den Puppen. Vor über 45 Jahren wollte er eine Jugendstilpuppe als Dekoration für seine Wohnung kaufen. Die war jedoch so teuer, dass er stattdessen für 40 Franken ein stark lädiertes Exemplar erwarb, das er in aufwendiger Kleinstarbeit in zwei Jahren restaurierte. Daraus entwickelte sich sein Beruf als Puppendoktor und eine Leidenschaft, die bis heute anhält. Zehn bis 20 «Patienten» kommen pro Woche zu ihm. In liebevoller Kleinstarbeit führt er Feinreparaturen und Lackierarbeiten an den beschädigten Puppen- und Bärenkörpern durch. Ausgerissene Arme werden eingerenkt, Glasaugen eingesetzt und abgeschlagene Porzellanfüsse erneuert. Bären werden mit Holzwolle neu gestopft. Max Pulver ist glücklich, mit seinen Puppen der Nachwelt etwas hinterlassen zu können.

Adresse Gerechtigkeitsgasse 36, 3011 Bern, Tel. +41(0)31/3120771 | ÖV Bus 12 bis Haltestelle Nydegg | Öffnungszeiten Mo – Fr 14.30 – 18.30 Uhr | Tipp Fan von Vintage-Mode? Die gibt es im «UndergroundStation» in der Kramgasse 21.

84_Das Restaurant Commerce

Ein Stück Berner Kulturgeschichte

«Es ist ein Ort, an dem man anders denkt», sagt Galerist Michael Krethlow. Für ihn ist das Café je nach Gelegenheit und Tageszeit Kaffeehaus, Bar, Imbissbude oder Kantine. Es dient ihm aber auch als Büro, Sitzungszimmer oder Lesesaal. Seine Galerie liegt gleich nebenan.

Im Mittelalter wurde in dem Gebäude in der Gerechtigkeitsgasse 74 Brot gebacken, später beherbergte es eine Suppenküche und Kneipen, bis es schliesslich zur Altstadtspelunke verkam. 1947 übernahm Juan Augé das Lokal, und mit ihm begann die Commerce-Saga. Er verwandelte es in ein angesehenes spanisches Spezialitätenrestaurant, das sich unter dem Namen Café du Commerce allmählich zu einem beliebten Künstlertreffpunkt entwickelte. In den 1950er Jahren wohnten fast nur Arbeiter, Handwerker und arme Leute in der Altstadt. Da der Wohnraum billig war, zog es viele Künstler dorthin. Nach Vernissagen in der Kunsthalle tafelten sie im Commerce. Le Corbusier, Léger, Henry Moore, Alberto Giacometti, Christo, Peggy Guggenheim und Ida Chagall gehörten zu den regelmässigen Gästen. Aber auch Filmstars gaben sich die Klinke in die Hand. Selbst wenn das Commerce längst nicht mehr Dreh- und Angelpunkt der Kulturszene ist, sind viele Künstler dem Restaurant treu geblieben. Seit 2002 führt das portugiesische Ehepaar Rui und Anabela Pacheco das Commerce in alter Tradition weiter.

Ein eindrucksvolles Denkmal haben 2002 Ralph Gentner und Markus Jakob dem Restaurant in ihrem mittlerweile leider restlos vergriffenen Buch «Café du Commerce – eine Berner Kulturgeschichte» gesetzt. «Das Commerce ist Berns letzter Ort, der ganz für sich selbst spricht. Frei von all dem Chichi, mit dem heute Lokale um die Gunst des Publikums buhlen. Eine Filiale der Ewigkeit», heisst es in dem Buch, das auf dem Tresen im Restaurant liegt.

Adresse Gerechtigkeitsgasse 74, 3000 Bern, Tel. +41(0)31/3111161 | ÖV Bus 12 bis Haltestelle Rathaus | Öffnungszeiten Di – Sa 10 – 14.30 Uhr und 17.30 – 23.30 Uhr | Tipp Wechselnde Ausstellungen gibt es in der Galerie da Mihi in der Gerechtsigkeitsgasse 40.

85 Das Ristorante Verdi

Zum Dinner mit Giuseppe Verdi

Der Opernkomponist war nicht nur ein begnadeter Musiker, sondern auch ein Gourmet, der die kulinarischen Spezialitäten seiner Heimat Emilia-Romagna über alles liebte. Er hätte seine Freude daran, wenn er wüsste, dass der Zürcher Musikliebhaber und Gastronom Rudi Bindella ihm ein Restaurant gewidmet hat. Noch dazu eines, dessen zahlreiche Nischen, Räume, Unterteilungen und Treppenaufgänge mit Requisiten, Skulpturen und Gemälden aus seiner Zeit geschmückt sind und wo seine leidenschaftlichen Kompositionen die Gäste beim Essen begleiten. Die Räume in dem verwinkelten Gebäude aus dem 18. Jahrhundert sind nach Verdi-Opern, seinem Landgut Sant'Agata in der Emilia-Romagna und seiner vierten Ehefrau Giuseppina benannt.

Der nach oben verglaste Innenhof mit Blick auf den Himmel trägt den Namen seiner Oper Alzira. Die antiken Möbel, Kristallleuchter und das Kerzenlicht verbreiten ein warmes Ambiente. Neben dem Lichthof liegt der Salotto Don Carlos, ein kleiner Raum mit wenigen Tischen, wo man fast für sich ist. In der Sala Falstaff befindet sich ein Glockenspiel aus 21 alten italienischen und asiatischen Glocken, von denen zwölf abwechselnd einmal zur vollen Stunde schlagen. Das Plätzchen neben der Treppe vor der Sala Falstaff ist nach der Oper Giovanna d'Arco benannt. Eine kurze Treppe führt hinauf zur Galleria Vini, einem begehbaren Weinschrank mit über 100 Weinen. Darunter auch der Lieblingswein des Komponisten, der Chianti. Verdi liebte erstklassige Chiantis und nahm auf jede Auslandsreise mehrere Flaschen mit.

Eine steinerne Treppe führt hinunter in den nach Vallocaia-Weinen benannten Gewölbekeller von 1766, der aus drei Laubenkellern mit je vier bis sechs Plätzen besteht. Grosse Kerzenständer leuchten den Weg nach unten. An den Wänden hängen gerahmte alte Zeitungsausschnitte, die mit Verdi zu tun haben, Verdi-Illustrationen sowie Opernprogramme aus dem Jahr 1917.

Adresse Gerechtigkeitsgasse 7, 3011 Bern, Tel. +41(0)31/3126368 | **ÖV** Bus 12 bis Haltestelle Nydegg | **Öffnungszeiten** Di–So11.30–14.30 Uhr und 18–22 Uhr, Fr/Sa bis 23 Uhr | **Tipp** Lust auf Pizza? Die gibt es im Verdi nicht. Dafür aber in der «kunstlastigen» Pizzeria Santa Lucia am Bärenplatz. Dort bekommen Sie die beste Steinofenpizza Berns!

86 Die Robert-Grimm-Büste

Der Mann, der mit Lenin stritt

Etwas mürrisch blickt Robert Grimm in die Ferne. Man sieht ihm an, dass ihm das Modellstehen nicht behagte. Die Originalbüste, die der Bildhauer Karl Schenk anfertigte, steht in der Rathaushalle, wo Grimm zu Lebzeiten 37 Jahre lang einen grossen Teil seiner politischen Arbeit leistete. Anfangs als Mitglied des Berner Stadtparlaments, dann als Mitglied der Stadtregierung, später als Kantonsparlamentarier und von 1938 bis 1946 im Regierungsrat des Kantons Bern. Zu Beginn der 1940er Jahre liess er das Rathaus umfassend renovieren, wofür man ihm mit der Büste ein Denkmal setzte.

Grimm wurde 1881 als Arbeitersohn im Kanton Zürich geboren. Nach einer Lehre als Buchdrucker wurde er 1899 Mitglied der Sozialdemokratischen Partei (SP) und 1909 Chefredakteur der «Berner Tagwacht», die er in den nachfolgenden Jahren zum führenden Kampfblatt der Arbeiter machte. Im September 1915 organisierte Grimm die Zimmerwald-Konferenz mit dem Ziel, die Sozialistische Internationale neu zu organisieren, die zu Beginn des Ersten Weltkrieges 1914 auseinandergebrochen war. Unter den 37 Teilnehmern aus zwölf Ländern befanden sich die beiden russischen Revolutionäre Lenin und Trotzki, die damals im Schweizer Exil lebten. Mit Lenin kam es während der Konferenz zum Streit, da Grimm dessen Überzeugung, dass eine Veränderung der Gesellschaft nur mit Gewalt möglich sei, ablehnte. Durch seine politische Position und internationalen Kontakte wurde Robert Grimm während der Kriegsjahre zu einer der führenden Figuren der Arbeiterbewegung in Europa.

Am 11. November 1918 rief er als Präsident des Oltener Aktionskomitees den in die Geschichte eingegangenen dreitägigen landesweiten Generalstreik aus, wofür er zu sechs Monaten Gefängnis verurteilt wurde, was seiner Beliebtheit jedoch keinen Abbruch tat. Von 1911 bis 1919 und von 1920 bis 1955 sass Robert Grimm als Vertreter der Arbeiter im schweizerischen Nationalrat.

Adresse Bremgartenfriedhof, Murtenstrasse 51, 3008 Bern, Tel. +41(0)31/3810404 | **ÖV** Bus 100/101 bis Haltestelle Bremgartenfriedhof | **Öffnungszeiten** durchgehend | **Tipp** Schauen Sie sich die Originalbüste während einer Führung im Rathaussaal an (Informationen unter www.sta.be.ch).

87 Das Robert-Walser-Zentrum

Keine Blumen für den Dichter

«Nicht auf der geraden Strasse, sondern auf Umwegen findet man das Leben», sagte Robert Walser einmal, der in seinem Leben zahlreiche Umwege ging. Eigentlich wollte der gelernte Bankkaufmann ja Schauspieler werden, aber er fiel bereits beim Vorsprechen durch. An seine Schwester in Biel schrieb er aus Berlin: «Mit dem Schauspielerberuf ist es nichts. Doch, so Gott will, werde ich ein grosser Dichter werden.» Das wurde er – jedoch nicht zu seinen Lebzeiten. Diese waren geprägt von Armut, wechselnden Anstellungen, psychischen Krisen und Angstzuständen. In seinen Berliner Jahren schrieb Walser die drei Romane «Geschwister Tanner» (1907), «Der Gehülfe» (1908) und «Jakob von Gunten» (1909). Als der erhoffte Erfolg ausblieb, kehrte er nach Biel zurück.

In seinen Berner Jahren (ab 1921) führte Walser das Leben eines Stadtnomaden. Insgesamt fünfzehnmal zog er innerhalb von acht Jahren um. Auf einem Stadtplan des Robert-Walser-Zentrums sind alle Häuser, in denen er wohnte und schrieb, aufgelistet. Das 2009 eröffnete Zentrum informiert in thematisch wechselnden Ausstellungen mit Büchern, Manuskripten und Dokumenten über das Leben und Wirken des Schriftstellers. Bibliothek und Archiv sammeln alle Veröffentlichungen von und über Robert Walser.

Als seine Angstzustände zunahmen, trat Robert Walser 1929 in die Heil- und Pflegeanstalt Waldau ein. Gegen seinen Willen wurde er 1933 in die Heil- und Pfleganstalt des Kantons Appenzell-Ausserrhoden verlegt, wo er den Rest seines Lebens verbrachte. Das Schreiben gab er auf. «Der einzige Boden, auf dem ein Dichter produzieren kann, ist die Freiheit», begründete er seinen Entschluss. Am Weihnachtstag 1956 starb Robert Walser bei einem Spaziergang im Schnee. «Für einen Dichter hat man nie Blumen genug», schrieb er einst. Zeit seines Lebens hatte Robert Walser nie Blumen erhalten.

Adresse Marktgasse 45, 3011 Bern, Tel. +41(0)31/3101770 | **ÖV** Bus 12 bis Haltestelle Bärengraben | **Öffnungszeiten** Bibliothek/Ausstellung Mi–Fr 13–17 Uhr, Archiv Di–Fr nach Vereinbarung | **Tipp** In der Gerechtigkeitsgasse 29, wo Robert Walser 1925 wohnte, hängt eine Gedenktafel mit einem seiner Zitate.

88 Der Rosengarten

Die duftende Oase über der Altstadt

Gut, man könnte sich die Mühe sparen und den Bus nehmen. Ganz besonders an einem heissen Sommertag, denn der Weg vom Bärenpark hinauf zum Rosengarten ist steil. Aber je höher man kommt, desto mehr ändert sich die Perspektive und desto schöner wird der Blick über die Dächer der Altstadt und die Aareschlaufe. Entschädigt wird man allemal vom verführerischen Blütenduft, den 220 Rosensorten, 200 Iris- und rund 30 Rhododendronarten aussenden. Und wandelt man erst einmal durch die von 60 Lindenbäumen gesäumte und kühlen Schatten spendende Kreuzallee, sind die Mühen des Aufstiegs vergessen.

Fast undenkbar, dass dieser herrliche Park mit seiner üppigen Blütenpracht, der Teichanlage und dem idyllischen Pavillon im Lesegarten von 1765 bis 1877 als Friedhof der unteren Stadt diente, auf dem rund 20.000 Menschen begraben wurden. Er war der erste Friedhof in Bern, auf dem man die Toten ohne Rücksicht auf ihren Stand bestattete.

Trotzdem fanden hier mehr Menschen der «Unterschicht» ihre letzte Ruhestätte als Angehörige der «Oberschicht». Die wenigen Berner aus besseren Kreisen, die hier begraben wurden, waren verarmt. Der damals nur mühsam zu erreichende Friedhof mit den wild wuchernden Rosen war nicht dafür angelegt, mit Begräbnissen Aufsehen zu erregen. Wohl ein Grund, warum hier mehr Tagelöhner und Arbeiter begraben wurden als Wohlhabende.

1913 wurden Kreuze und Gedenksteine über den Gräbern beseitigt und der Friedhof in den nachfolgenden drei Jahren in eine öffentliche Parkanlage umgewandelt. Seit 1917 werden hier Rosen gezüchtet. Früher waren die Angehörigen der Verstorbenen viel zu arm, um die Gräber zu pflegen. Heute liegen sie in den schönsten Gräbern überhaupt – unter einem Meer von Rosen in allen Farben. Nur das Gemäuer rings um den Rosengarten, das typisch für Friedhöfe ist, erinnert daran, dass sich hier einst Gräber befanden.

Adresse Alter Aargauerstalden 31, 3006 Bern | ÖV Bus 10 Richtung Ostermundingen bis Haltestelle Rosengarten | Tipp Im Restaurant Rosengarten in der Parkanlage schlemmen Sie mit Sicht auf die Berner Altstadt.

89__Die Rösterei Kaffee und Bar

Richtiges Brühen macht den Meister

Zugegeben, zwischen Güterbahnhof und Bremgartenfriedhof befindet sich das Café nicht gerade in der schönsten Lage. Dafür müssen die Kaffeebohnen keinen weiten Weg zurücklegen und werden direkt vor der Augen des Kaffeetrinkers geröstet. Im selben Gebäudekomplex befindet sich nämlich die Rösterei Blasercafé. Das Familienunternehmen existiert zwar schon seit 1922 und seit 1981 an seinem jetzigen Standort in der Güterstrasse, aber eine Kaffeebar mit Verkaufsladen war bisher nicht Bestandteil der Rösterei. Diese entstand 2014 aus der Idee heraus, für die Kunden präsenter zu sein.

Kaffee gibt es in der «Rösterei Kaffee und Bar» nicht nur aus der Espresso- und Kaffeemaschine, sondern auch in verschiedenen Zubereitungsarten. So zum Beispiel im Cold-Brew-Verfahren, in dem der Kaffee kalt und im Zeitlupentempo durch einen Filter tropft. Auf diese Weise soll er weniger Bitterkeit enthalten. Auch Filterkaffee, der unter Kaffeegeniessern inzwischen wieder als Gourmetprodukt gilt, wird an der Bar nach allen Regeln der Kunst manuell gebrüht. Neben der Bar steht eine Röstmaschine mit nostalgischer Fassade, in welcher der Kaffee täglich frisch geröstet wird. Geröstet wird neben der Hausmischung auch die Terroir Linie von Blasercafé, mit Einzelsorten aus nachhaltigem Anbau von Kaffeeplantagen in Ruanda, Äthiopien, Ecuador, Guatemala, Indonesien und Honduras.

Im neuen Schulungsraum des Hauses finden regelmässig diverse Kaffeekurse statt, in denen Kaffeeliebhaber in die Welt der Kaffeebohnen eintauchen. In Gruppen lernen sie, wie man mit einfachen Brühmethoden zum genussvollen Kaffee kommt, wie der klassische Irish Coffee und andere Kaffeekreationen mit Spirituosen richtig zubereitet werden, wie man Espresso oder Kaffee degustiert und auf welche Weise man seine eigene Kaffeemischung selbst zusammenstellt und röstet. In drei Stunden kann man sich zudem zum Home-Barista ausbilden lassen.

Adresse Güterstrasse 6, 3008 Bern, Tel. +41(0)31/3805588 | ÖV Bus 12 bis Haltestelle Holligen, dann 6 Minuten Fussweg | Öffnungszeiten Mo – Fr 7.30 – 18.30 Uhr, Sa 9 – 16 Uhr | Tipp Nehmen Sie an einem der Kaffeekurse der Rösterei teil und werden Sie zum «Home-Barista» oder lernen Sie, wie man Coffee Cocktails zubereitet, Infos: www.roesterei.be.

90 Die Sattlerei Losinger

Handtaschen «Made in Bern»

Nähmaschinengeratter erfüllt den kleinen Raum, an einem breiten Holztisch wird Leder zugeschnitten. Die eine Wand ist gespickt mit einem Sammelsurium von Sattlerwerkzeugen und bunten Garnrollen, die anderen beiden mit den Taschenkreationen. Ledergeruch liegt in der Luft. Die Sattlerei Losinger ist Atelier und Laden zugleich.

Seit September 2004 entwerfen Fiona Losinger und Ursula Häni die unverkennbaren Taschen, deren Besonderheit in ihrer Funktionalität liegt. Sie sind praktisch, langlebig, ohne viel Schnörkel, aufs Zweckmässige reduziert, elegant und dennoch sportlich. Zeitlose Unikate mit viel Liebe zum Detail. «Die Ästhetik ergibt sich aus der Funktionalität» ist das Motto der Sattlerei. Anders als die meisten Taschenhersteller, die zu 90 Prozent chromgegerbtes Leder verwenden, verarbeitet das Team ausschliesslich pflanzlich gegerbtes Rindsleder. Ökologie wird hier grossgeschrieben.

Mit den Händen arbeiten und Zeitloses schaffen wollte Fiona Losinger, als sie sich 1992 nach abgebrochenem Jurastudium zur Reitsportsattlerin ausbilden liess und sich unmittelbar nach der Ausbildung selbstständig machte. Zunächst mit Taschen auf Bestellung, später mit Taschenkreationen, die von den Kunden individuell mitdesignt werden konnten, bis schliesslich die typische Losinger-Tasche entstand. Im Rahmen der Modelle geht das heute siebenköpfige Team der Sattlerei auf individuelle Kundenwünsche ein. Nicht jedoch was die Form betrifft, denn sonst wäre es keine Losinger-Tasche mehr.

Das Sortiment besteht aus den beiden zeitlosen Hand- und Alltagstaschen Camarade und Copine, der Arbeitstasche Compagnon sowie Reisetasche, Rucksack, kleiner Umhängetasche, Necessaire, Portemonnaie und Boîte aux lettres. Qualität hat ihren Preis. Eine Tasche kostet zwischen 620 und 1.000 Franken. Dafür dient sie ihren Besitzern aber viele Jahre als treue Begleiterin.

Adresse Münstergasse 48, 3011 Bern, Tel. +41(0)31/3111316, www.fionalosinger.ch | ÖV Bus 12 bis Haltestelle Rathaus | Öffnungszeiten Do – Fr 11 – 18.30 Uhr, Sa 10 – 17 Uhr | Tipp Iljos Cucina bietet buntes Allerlei aus klassischer und kitschiger Tischkultur, schrägen Accessoires und witzigen Postkarten in der Münstergasse 46.

91 Das Schlachthaus Theater

Ein Haus für die freie Theaterszene

Inszenierungen von klassischen Theaterstücken sucht man hier vergebens. Ein festes Ensemble ebenso. Zur Aufführung kommen im Schlachthaus Theater, als Koproduktion mit dem Haus oder als Gastspieleinladung, fast ausschliesslich zeitgenössische Produktionen, oft mit einem aktuellen politischen oder gesellschaftskritischen Ansatz. Die Theaterschaffenden und Kollektive arbeiten frei, sie produzieren ihre Stücke selbst und bringen sie auf einer der drei Bühnen zur Aufführung. Das Theater stellt Ressourcen in den Bereichen Technik, Organisation und Öffentlichkeitsarbeit sowie Probenräume zur Verfügung.

Das Gebäude wurde 1768/69 als Berner Schlachthaus gebaut. Bereits im 15. Jahrhundert wurden an dieser Stelle in einem Schinthaus Tiere geschlachtet. Da sich in der Gasse wegen des Schlachthauses zahlreiche Metzgereien angesammelt hatten, hiess sie damals Metzgergasse.

Den Namen Rathausgasse erhielt sie erst 1971, nachdem fast alle Metzgereien verschwunden waren. Als 1914 in der Lorraine ein grösserer Schlachthof gebaut wurde, nutzte die Stadt das nun leer stehende Gebäude als Feuerwehrmagazin, Requisitenraum des Stadttheaters und Lagerraum für die Stadtbetriebe. Im Juni 1981 beschloss der Stadtrat, das alte Schlachthaus zu renovieren und für kulturelle Zwecke und Veranstaltungen zu vermieten.

Dank des Engagements der freien Berner Theaterszene wurde aus dem Vermietbetrieb ein unter künstlerisch-administrativer Leitung stehendes Theater, das seit 1997 von einem Verein geführt wird und als Gastspielbetrieb für die freie Theaterszene dient. Der Spielbetrieb im heutigen Sinne begann 1998. Das Theater kooperiert mit anderen lokalen und überregionalen Kulturzentren und Theaterhäusern wie der Dampfzentrale in Bern, der Roten Fabrik in Zürich, aber auch internationalen Partnern in Priština, Stuttgart, Berlin oder St. Petersburg.

Adresse Rathausgasse 20–22, 3011 Bern, Tel. +41(0)31/3129647, www.schlachthaus.ch | **ÖV** Bus 10, Tram 7/8/9 bis Haltestelle Zytglogge | **Tipp** Im Theaterladen neben dem Eingang des Schlachthaus Theaters finden das Theaterprogramm begleitende und ergänzende Experimente statt.

92 Das Schloss Bremgarten

Was hat Hermann Hesse mit dem Schloss zu tun?

«Im Schlossturm von Bremgarten duftete mir der Flieder ins Schlafzimmer, durch die Bäume hindurch hörte ich den Fluss rauschen, durchs Fenster stieg ich in tiefer Nacht, von Glück und Sehnsucht trunken, schlich am wachenden Ritter und an eingeschlafenen Zechern vorüber zum Ufer hinab, zu den rauschenden Wassern», schrieb Hermann Hesse 1932 in seiner Erzählung «Die Morgenlandfahrt». Hesse war mit den damaligen Schlossbewohnern, dem Fabrikanten und Kunstmäzen Max Wassmer und seiner Frau Tilli Wassmer-Zurlinden, eng befreundet. Im Schloss gingen Dichter, Maler und Komponisten wie Cuno Amiet, Paul Basilius Barth, Louis Moilliet und Othmar Schoeck ein und aus. «Eines der schönsten Erlebnisse war die Bundesfeier im Bremgarten, dicht war da der magische Kreis um uns geschlossen. Von den Schlossherren Max und Tilli empfangen, hörten wir Othmar im hohen Saale auf dem Flügel Mozart spielen», beschrieb Hesse die poetische Atmosphäre. Die Feste der Wassmers waren legendär.

Das Schloss, in dem die Wassmers seit 1918 lebten, hat eine wechselhafte Geschichte. Ursprünglich war es die Burg des Freiherrn von Bremgarten. Der Freiherr verkaufte 1306 die Herrschaft an das Johanniterhaus von Münchenbuchsee, bis zur Säkularisation im Jahr 1528 blieb das Anwesen in dessen Besitz. Der letzte Komtur des Ordens übergab die Herrschaft der Stadt Bern und erhielt dafür lebenslanges Wohnrecht im Schloss. Der nächste Schlossbesitzer war der Schultheiss Hans Franz Nägeli, der die Burg und Feste 1545 kaufte. Vier Jahre später entstand der südliche Anbau mit dem Wappen Nägelis und seiner beiden Ehefrauen.

Weitere Schlossherren waren von 1592 bis 1727 die Patrizierfamilie Kirchberger und ab 1745 Margarete von Wattenwyl, die den heutigen Barockbau mit seinen Gärten errichten liess. Nach 1798 kam das Schloss in wechselnde Hände und war zeitweise ein Restaurant. Heute ist es in Privatbesitz.

Adresse Bremgarten, 3047 Bern | **ÖV** Bus 21 bis Haltestelle Bremgarten Schloss | **Öffnungszeiten** nur von aussen zu besichtigen, das Schloss ist bewohnt | **Tipp** Besuchen Sie die Kirche Bremgarten in der Nähe des Schlosses. An der Stelle der Kirche aus dem 12. Jahrhundert soll einst ein römisches Heiligtum gestanden haben, das vermutlich über einer keltischen Kultstätte errichtet worden ist.

93 Das Schwellenmätteli

Gastronomische Oase über der Aareschwelle

Schon zur Zähringerzeit standen hier die beiden Tavernen Gresis Hus und Hofstatt, in der Fischer und Flösser verköstigt und beherbergt wurden. Um 1360 kam das Schwellenmätteli mit allem Drum und Dran für 1.300 Rheinische Gulden in den Besitz von Johann von Bubenberg, dem damaligen Schultheissen von Bern, und so in den Stadtbesitz. Damals «gehörten» dem Schweller der Aaregrund, das Recht zum Bau von Schwellen und das alleinige Fischrecht. In beschränktem Mass gilt das heute noch, nur macht der Pächter davon keinen Gebrauch mehr. Als 1818 ein Grossteil des Mattequartiers abbrannte, blieb das Schwellenmätteli wie durch ein Wunder verschont. 1887 wurde eine neue Wirtschaft erstellt. In den Jahren danach folgten der Bau der Schleuse zu den Fischfächern, die Gasbeleuchtung und 1917 die Installation des elektrischen Lichtes. Anfang der 1930er Jahre erfolgten grosse Renovierungen, und 1954 wurde das Restaurant erneut umgebaut.

Ende der 1990er Jahre war das Schwellenmätteli in die Jahre gekommen. Die Gebäude waren renovierungsbedürftig, die Infrastruktur des Restaurants und das Gastronomiekonzept veraltet, und die Gäste blieben aus. 1998 schrieb die Stadt daher einen Wettbewerb für ein Architektur- und Gastronomiekonzept aus. Die Frage an die Teilnehmer lautete: «Was ist zu tun, um aus dem Schwellenmätteli wieder einen beliebten Ort für Bernerinnen und Berner und alle andern Besucher zu machen?» Heraus kam der Neubau eines Restaurants, das sowohl an als auch auf dem Wasser liegt, mit zahlreichen Aussensitzplätzen und Aussicht in drei Richtungen: auf die Altstadtkulisse mit Bundeshaus und Münster, die Aare und den Wald.

Wahrzeichen des Schwellenmätteli ist die grosse Terrasse, die weit über der rauschenden Aareschwelle liegt, die um 1900 zur Regulierung des Flusswassers erbaut wurde. Irgendwie hat man hier das Gefühl, auf einer Insel inmitten des Flusses zu sein.

Adresse Dalmaziquai 11, 3013 Bern, Tel. +41(0)31/3505001 | **ÖV** Tram 7 bis Haltestelle Helvetiaplatz, dann 3 Minuten Fussweg | **Öffnungszeiten** Mo–Sa 9–23.30 Uhr, So 10–23.30 Uhr | **Tipp** Spazieren Sie am Dalmaziquai entlang – von hier aus haben Sie einen grandiosen Blick auf das Münster.

94 Die steinerne Schwangere

Verstecktes Kleinod hinter der UniS

Hinter dem weissen Gebäude der UniS sitzt eine moosbewachsene Schwangere auf einem Steinklotz im Schatten von vier alten Bäumen und ruht sich aus. Ihre Beine sind gespreizt, und ihre Füsse stehen auf einem kleinen Podest. Die Arme hat sie hinter sich aufgestützt, der runde Bauch wölbt sich nach vorn. Ihr Gesicht, das sie leicht nach unten neigt, ist nicht mehr zu erkennen. Sie sitzt etwas nach rechts gebeugt, so, wie man als Hochschwangere in den letzten Tagen vor der Entbindung eben sitzt, um es einigermassen bequem zu haben.

Der Rasen in dem kleinen Park ist übersät mit Kleeblättern. Der alte Baumbestand, die üppigen Staudenrabatten in allen Farben des Regenbogens und die rot gestrichenen Holzbänke geben einem das Gefühl, sich in einem Garten irgendwo in England zu befinden.

Die steinerne Schwangere ist das einzige Überbleibsel, das daran erinnert, dass hier bis 2002 das universitäre Frauenspital stand. Wann der kleine Park hinter dem von Kantonsbaumeister Friedrich Salvisberg in den Jahren 1873-76 errichteten Gebäude angelegt wurde, ist nicht bekannt. Wahrscheinlich zeitgleich mit der Errichtung des Frauenspitals. Oder ein paar Jahre später, 1887, als das in Altrosa gefasste Direktionsgebäude errichtet wurde. Vielleicht aber auch erst 1919, als der Anbau an der Schanzenstrasse mit dem halbrunden Erker des Operationssaals dazukam.

Wer die Steinskulptur entworfen hat und seit wann sie im Park steht, ob zuerst der Park da war oder die Skulptur, ist ebenso wenig bekannt. Aber so verwittert und moosbewachsen, wie sie ist, sitzt sie sicher schon seit über 100 Jahren auf dem Steinklotz im Schatten der Bäume. Es ist anzunehmen, dass ein Künstler damit beauftragt wurde, eine Skulptur zu schaffen, die zum damaligen Neubau des Frauenspitals passte. Wie vielen Schwangeren sie in den Jahren bis zum Abbruch der Frauenklinik wohl schon Gesellschaft geleistet hat?

Adresse Schanzeneckstrasse 1, 3012 Bern | **ÖV** Bus 20 bis Haltestelle Universität | **Tipp** Laufen Sie zur Grossen Schanze und geniessen Sie von dort den herrlichen Blick über die Stadt.

95 Der Stettbrunnen

Ältester Stadtbrunnen

Man fühlt sich tatsächlich wie ins Mittelalter zurückversetzt, wenn man die düstere alte Treppe an der Brunngasse 2 zum Brunnen hinuntersteigt. Der überdachte Nutzbrunnen ohne Schmuck und Schnörkel, der erstmals 1377 schriftlich erwähnt wurde, ist der letzte der ursprünglich fünf mittelalterlichen Quellbrunnen der Stadt und Namensgeber der Brunngasse. «Das Grundwasser tritt in einem einstigen nach Norden sich öffnenden Quertobel zutage, das in dem sich südwärts öffnenden Frickgraben sein Gegenstück hatte», so Paul Schenk über den Stettbrunnen in seiner Berner Brunnen-Chronik (1945). Bis 1848 lieferte eine Röhre das Quellwasser in einen hölzernen Trog, der alsbald durch drei grosse Steintröge ersetzt wurde.

Bevor Druckwasserleitungen das zum Leben notwendige Wasser in Wohnungen und Häuser beförderten, pulsierte rund um die Brunnen reges Leben. Sie dienten nicht nur der Wasserversorgung, sie waren auch beliebter Treffpunkt von Dienstmägden und Frauen, die sich keinen Wasserträger leisten konnten. Beim Wasserholen an den plätschernden Brunnen erfuhren sie alle Neuigkeiten aus ihrer Gasse, klatschten und tratschten. Der Stettbrunnen liegt unter einem Dach, das sich auf drei Holzbalken stützt. Da er so vor Wind und Wetter geschützt ist, diente er früher auch als «Waschhaus». Mit etwas Phantasie kann man sich gut vorstellen, wie damals Frauen an dem rechteckigen Brunnen knieten, Wäsche wuschen und sich dabei unterhielten.

Mitte des 19. Jahrhunderts kamen die Metzgerknechte aus den nahen Metzgereien, um die Eingeweide der geschlachteten Tiere zu reinigen, was dem Brunnen in jener Zeit den Namen Schlachthausbrunnen bescherte. Heute ist es ruhig um den alten Brunnen geworden, denn kaum jemand ist zu Fuss in der stark befahrenen Brunngasshalde unterwegs. Dabei bietet sein Quellwasser gerade an heissen Sommertagen eine herrliche Erfrischung.

Adresse Brunngasshalde 29, 3011 Bern | **ÖV** Bus 10, Tram 7/8/9 bis Haltestelle Zytglogge | **Tipp** Französisch essen im Zimmermania: Das Restaurant im französischen Bistro-Stil liegt in der Brunngasse 19 und ist über die Treppe am Brunnen mit nur wenigen Schritten erreichbar (Di–Sa von 11–14.30 Uhr und 17–23.30 Uhr).

96 __STREETBELT.CH Store

Hydrantenplaketten machen Mode

Im Stockwerk über dem STREETBELT.CH Store wurde ein Teil der Eingangsszenen zu «Nachtzug nach Lissabon» gedreht. Jeremy Irons wohnte dort als Lateinlehrer Gregorius. Eines Tages stand er mit dem Filmteam vor dem Laden. Eine Mitarbeiterin erkannte ihn und hatte die Idee, dass man ihm einen Gürtel schenken könnte. Ein Original Nr. 53.

Entstanden ist der Gürtel aus purem Zufall. Daniel James Mac Winfield hatte 2006 die Idee, aus einem alten Feuerwehrhydranten einen Tisch zu bauen. An seinem Hydranten fehlte jedoch die Plakette. Als er wenig später auf der Strasse Arbeiter sah, die an Hydranten arbeiteten, fragte er, ob er ein paar alte Plaketten haben könnte. Er konnte. Als er sie reinigte, kam Hansjörg Kühni bei ihm vorbei. Zufällig hielt Winfield die Plakette in Hüfthöhe vor seinen Gürtel. Das ist es, dachte Kühni. Bei einem Bier entstand die Idee, die Plaketten als Gürtelschnallen zu benützen. Einige Tage später schraubten die beiden aus Kühnis altem Militärgurt und der Plakette den ersten Gürtel zusammen. STREETBELT.CH war geboren. Sie starteten ihre Firma zunächst online und hatten mit den Gürteln aus Feuerwehrschläuchen und Hydrantenplaketten einen solchen Erfolg, dass sie nach zwei Jahren ein kleines Atelier im Mattequartier und später in der Lorraine anmieten konnten. Das Geschäft lief so gut, dass sie seit 2011 in der Rathausgasse ansässig sind, mittlerweile weltweit bis zu 10.000 Gürtel jährlich verkaufen und so zum grössten Gürtelhersteller der Schweiz avanciert sind.

Noch immer stammt ein Teil der Plaketten von alten Hydranten, welche STREETBELT.CH dem Hersteller abkauft. Ein weiterer Teil der Plaketten wird von einer Giesserei in allen Grundfarben von Hand gegossen.

Übrigens, vor Jeremy Irons besass schon der Oscar-Preisträger Cuba Gooding einen Gürtel von STREETBELT.CH. Den trug er sogar während einer Preisverleihung in Hollywood.

Adresse Rathausgasse 53, 3011 Bern, Tel. +41(0)31/3110312, www.streetbelt.ch | **ÖV** Bus 10, Tram 7/8/9 bis Haltestelle Zytglogge | **Öffnungszeiten** Do 12–17 Uhr, Fr 12–17 Uhr, Sa 10–16 Uhr | **Tipp** Im Weltladen in der Rathausgasse 52 werden Lebensmittel, Geschenke und Kleidung aus fairem Handel und ökologischer Produktion verkauft.

97_Der Termitenbau

Der kleine Staat in der Bundesstadt

In Bern lebt eine Million Riesentermiten. Bedroht fühlt sich keiner, denn der Termitenstaat befindet sich gut geschützt im Tierpark Dählhölzli. Gegründet wurde der Staat 1988, als der Tierpark vom Zoologischen Institut der Universität Bern eine kleine, elf Jahre alte Termitenkolonie für das neu gebaute Vivarium erhielt. Nach acht Monaten wurde ein 40 Zentimeter hohes, kaminartiges Türmchen über dem Termitennest errichtet, das bereits vier Monate später zu einer Höhe von drei Metern angewachsen war. Zwei Jahre nach der Besiedlung hatte der Bau das Glasdach und seine jetzige Höhe von sechs Metern erreicht.

Regiert wird der Termitenstaat im Dählhölzli von einer Königin, die in einer gepanzerten Kammer im Zentrum des Baus lebt, wo sie von ihren Arbeiterinnen umhegt und gepflegt wird und täglich bis zu 30.000 Eier legt. Es gibt auch einen König, der dient jedoch nur zur regelmässigen Befruchtung der Königin. Aus den befruchteten Eiern entwickeln sich Geschlechtstiere. Sie sind geflügelt, verlassen den Bau im Verlauf von wenigen Nächten und finden beim Hochzeitsflug zusammen. Das Termitenpaar baut sich eine Hochzeitskammer, paart sich und gründet einen neuen Staat. Das Schwärmen konnte im Dählhölzli schon mehrmals beobachtet werden.

Die erste Königin im Vivarium ging 1996 im Alter von 20 Jahren ein und mit ihr die gesamte Kolonie. Zwei Jahre später konnte der ausgestorbene Nesthügel mit einer im Labor angezüchteten Tochterkolonie jedoch wieder besiedelt werden. Die Berner Termiten stammen aus der Gegend des Baringosees in Kenia und gehören zur Gattung der Macrotermes. Sie recyceln ihre Umwelt, indem sie abgestorbenes Pflanzenmaterial fressen. Da die Insekten die zellulosehaltige Nahrung aber nicht selbst verdauen können, greifen sie auf einen Trick zurück: Sie züchten in ihrem Bau Pilze, die die Zellulose für sie spalten, und ernähren sich von den Fruchtkörpern der Pilze.

Adresse Tierpark Dählhölzli, Tierparkweg 1, 3005 Bern, Tel. +41(0)31/3571515 | **ÖV** Bus 19 bis Haltestelle Tierpark | **Öffnungszeiten** täglich, 1. März – 31 Okt. 9 – 18 Uhr, 1. Nov. – 28./29. Feb. 9 – 17 Uhr | **Tipp** Besuchen Sie den dritten Bären beim BärenWald, die Betonguss-Plastik von Gottfried Keller beim Bärenhaus.

98 Das Theater Matte

Mundarttheater im Berchtoldhaus

Eigentlich ist dieses Theater nur durch puren Zufall entstanden. Hätten nicht eines Tages ein paar Leute in einer Bar im Mattequartier darüber lamentiert, dass die Kirchengemeinde Nydegg aus dem Berchtoldhaus ausziehen und das Haus bald leer stehen würde, und hätte nicht ein Gast vorgeschlagen, dass dies doch die perfekte Location für ein Theater wäre, und wären Livia Anne Richard und Markus Maria Enggist vom Freilichttheater Gurten an diesem Tag nicht auch in dieser Bar gewesen, gäbe es das Theater heute wohl nicht. Die Macher des Freilichttheaters Gurten schauten sich die Räumlichkeiten nur wenige Minuten später an, gründeten zu fünft den «Verein Theater Matte» und bauten das Berchtoldhaus mit Hilfe von Sponsoren und Spendengeldern zu einem Theater um.

Die Geburtsstunde des Theaters wurde ein Jahr später, am 23. Oktober 2010, mit der Premiere der berndeutschen Fassung von «Der Panther», ein Stück des Tiroler Dramatikers Felix Mitterer, begangen. Seitdem werden auf der kleinen Bühne zeitgenössische Stücke von internationalen und Schweizer Autoren in Mundart gespielt. Es sind die Geschichten hinter den Menschen, die erzählt werden sollen. Geschichten, die aktuell sind und bewegen. Wie das Stück «Zorn» der Australierin Joanna Murray-Smith, das im Februar 2015 Premiere feierte und erstmals in der Schweiz aufgeführt wurde. In dem Stück geht es um Fremdenhass, Toleranz und Liebe. Aber auch Stücke mit leicht heiterem Aspekt, Komödien mit Tiefgang werden aufgeführt. «Die Zuschauer sollen eintauchen können in die Geschichten», sagt Markus Maria Enggist, Schauspieler und Betriebsleiter des Theaters, zu dessen Ensemble sowohl Laien- als auch ausgebildete Schauspieler gehören.

Das Theater Matte ist die einzige professionell geführte Mundartbühne Berns und hat die Herzen der Zuschauer im Sturm erobert – während der Spielzeit ist es allabendlich fast bis auf den letzten Platz besetzt.

Adresse Mattenenge 1, 3011 Bern, Tel. +41(0)31/9013879, www.theatermatte.ch | ÖV Bus 12 bis Haltestelle Nydegg, dann den Nydeggstalden zur Mattenenge hinunter | Tipp Im Sommer spielt das Ensemble Freilichttheater auf dem Gurten – besuchen Sie dort doch eine Vorstellung!

99_Die Theatersammlung

Gang durch neun Epochen Theatergeschichte

Fast läuft man an der Schweizerischen Theatersammlung vorbei, denn von aussen ist nicht viel mehr als der Eingang zu erkennen. Das liegt daran, dass das kleine Museum unterhalb des Kantonalen Obergerichts liegt und man so auf das mächtige Gebäude fixiert ist, dass man den Eingang zur Theatersammlung nicht wahrnimmt.

«Theater in Gegenwart und Geschichte» heisst die didaktisch ausgerichtete Dauerausstellung. Acht ineinandergehende fensterlose Räume zeigen neun Epochen der Theatergeschichte mit den Bereichen Theaterbau, Bühnenbild, Schauspielkunst, Dramaturgie und Regie.

Mit Theater- und Bühnenbaumodellen zu allen wichtigen Epochen, Fotos von Schauspielern und Dramatikern, Bildern, diversen Objekten, Kostümen und Rekonstruktionen theatertechnischer Erfindungen wird die Geschichte des Theaters gezeigt: Von der Tragödie und Komödie im antiken Griechenland und den Massenspektakeln im alten Rom geht es zu den Spielen des Mittelalters, den bühnentechnischen Erfindungen der Renaissance, der Geburt der Oper im Barock und dem Prunk des barocken Illusionstheaters bis zur Bühne als moralischer Anstalt im Zeitalter der Aufklärung, den Schnürbodenbühnen des 19. Jahrhunderts sowie der Wende zum 20. Jahrhundert mit den Reformatoren der Inszenierung Max Reinhardt, Edward Gordon Craig und Adolphe Appia.

Die Ausstellung bietet Informationen auf drei Ebenen an: Legenden, Lauftexte und Präsentationsmedien. Wer es eilig hat, konzentriert sich auf die Legenden unter den Objekten und Bildern. Wer eher an Zusammenhängen interessiert ist, liest die Lauftexte, die als roter Faden durch die Ausstellung laufen. Theaterliebhaber, die sich über einzelne Aspekte informieren möchten, bedienen sich der Präsentationsmedien. Für jede Epoche wurde ein typisches Medium gewählt – für die Abteilung Gegenwart beispielsweise eine Anordnung von zehn Bildschirmen.

Adresse Schanzenstrasse 15 (Ecke Stadtbachstrasse), 3008 Bern, Tel. +41(0)31/3015252, www.theatersammlung.ch | **ÖV** Bus 20 bis Haltestelle Schanzenstrasse | **Öffnungszeiten** Dauerausstellung, jeden 1. Samstag im Monat 12 – 16 Uhr, 14 Uhr öffentliche Führung | **Tipp** In der Bibliothek der Theatersammlung finden sich 80.000 Bände Literatur zum Theater, Theaterstücke, Opernlibretti, Theaterzeitschriften und Programmhefte (Mi, Do 11 – 17 Uhr).

100_Das Tibits

Eine vegetarische Erfolgsgeschichte

Hätten die drei Brüder Christian, Daniel und Reto Frei 1998 nicht beim Venture-Businessplan-Wettbewerb der ETH Zürich und McKinsey mitgemacht und gewonnen, gäbe es kein Tibits. Für ihren Businessplan «Vegetarische Fast Food Restaurants» wurden sie sogar gleich zweimal prämiert. Als Rolf Hiltl aus den Medien von diesem Projekt erfuhr, kontaktierte er die Frei-Brüder. Hiltl ist Inhaber des ältesten vegetarischen Restaurants der Welt, dem Haus Hiltl, das 1898 als Vegetarierheim in Zürich gegründet wurde. Er setzte sich mit den Freis zusammen, um über eine mögliche Zusammenarbeit zu reden.

Die Chemie stimmte, man ergänzte sich, und die Idee entwickelte sich. Im Jahr 2000 gründeten Christian, Daniel und Reto Frei zusammen mit Rolf Hiltl das Tibits, an dem Hiltl zu 50 Prozent beteiligt ist und seine langjährige Gastronomie-Erfahrung einbrachte. Die Brüder, alle drei Vegetarier, hatten bis dahin selbst keine Gastronomiekenntnisse. Der eine war Lehrer, der andere Ingenieur, der dritte Ökonom.

Am 6. Dezember 2000 war es so weit. Das erste Tibits-Restaurant öffnete in Zürich seine Türen. Mittlerweile gibt es Tibits zweimal in Zürich, zweimal in Bern, Basel, Luzern, Winterthur, Lausanne und St. Gallen. Das reichhaltige Buffet mit Einflüssen aus aller Welt wurde 2013 um zahlreiche rein vegane Gerichte erweitert. Das Restaurant in der Gurtengasse wurde am 14. November 2013, zehn Jahre nach dem ersten Tibits am Bahnhofsplatz, eröffnet. Mit seinen bunten Tapeten, den Kronleuchtern und ausgefallenen Sesseln ist es weitaus gemütlicher, grösser und vor allem am Morgen nicht ganz so voll wie das Restaurant am Bahnhof.

Übrigens, Tibits ist aus dem englischen Wort «tidbits» (kleine Leckerbissen) abgeleitet und steht für genussvolles, frisches und gesundes Essen und Trinken. Genau wie man es am Buffet des Tibits bekommt. Eine vegetarische Erfolgsgeschichte eben!

Adresse Gurtengasse 3, 3011 Bern, Tel. +41(0)31/3130222 | **ÖV** weniger als 5 Minuten Fussweg ab dem Hauptbahnhof | **Öffnungszeiten** Mo – Sa 7 – 23 Uhr, So 9 – 22 Uhr | **Tipp** Das Wasserspiel auf dem Bundesplatz – wussten Sie, dass jede der 26 Fontänen für einen Kanton steht?

101 Das Tingel Kringel

Berns erstes Bagel-Café

Als Sabine Marti in New York zum ersten Mal in einem Bagel-Café diesen leckeren Kringel ass, dachte sie, dass sie so ein Bagel-Café auch gerne hätte. Als die gelernte Dekorationsgestalterin sich viele Jahre später selbstständig machen wollte und über eine Geschäftsidee nachdachte, kam ihr der Bagel wieder in den Sinn. So kam Bern im September 2008 zu seinem ersten Bagel-Café.

Das runde Gebäck aus Hefeteig mit dem Loch in der Mitte tauchte erstmals im frühen 17. Jahrhundert in der jüdischen Bevölkerung in Polen auf. Mit den Auswanderern kam es Ende des 19. Jahrhunderts in die USA. Aus dem einfachen Weizen-Bagel wurden später Vollkorn- Sesam-, Mohn-, Blaubeeren- und Rosinen- sowie cholesterinarme Bagel. Ursprünglich wurden sie ohne Zutaten gegessen.

Die Bagels, die es im Tingel Kringel in einer Vielzahl von Varianten gibt, werden bei Bestellung frisch gebacken und mit einem Wunschbelag zubereitet. Ob mit Süssem, Salat, Lachs, Schinken, rein veganen oder anderen Belägen, es bleibt kein Bagel-Wunsch offen.

In dem kleinen Café gibt es ausser Bagels ein Sammelsurium an Leckereien. In Regalen steht allerlei Süsses, auf der Theke befinden sich in Bonbonnieren und unter Käseglocken Kekse, Muffins und Kuchen, die täglich frisch in der Backstube des Cafés gebacken werden. Spezialitäten sind der Streuselkuchen und der Cheesecake nach einem Käsekuchenrezept, das Sabine Martis Mutter vor über 40 Jahren in die Schweiz mitbrachte. Käsekuchen in der Schweiz ist im Gegensatz zum Käsekuchen in Deutschland kein Süssstück, sondern tatsächlich ein Kuchen aus Hartkäse. «Der Käsekuchen war die Königsdisziplin meiner Mutter, die aus Deutschland stammt. Sie hat damals für das ganze Dorf gebacken und sich so als einzige Deutsche im Dorf gut integriert», sagt Sabine Marti, die in ihrem mit viel Liebe zum Detail eingerichteten Café ihr eigenes Kuchen- und Bagel-Paradies geschaffen hat.

Adresse Mittelstrasse 12, 3012 Bern, Tel. +41(0)31/3012291 | ÖV Bus 20 bis Haltestelle Mittelstrasse | Öffnungszeiten Do – So 10 – 16 Uhr | Tipp Lieben Sie Blumen? Schauen Sie mal im Blumenladen der Stiftung Terra Vecchia in der Mittelstrasse 7 vorbei.

102 Das Tram-Museum

Strassenbahnen aus mehr als 100 Jahrzehnten

Die altertümlichen Kurbeln im Führerstand lassen erahnen, wie mühselig das Steuern einer Strassenbahn in ihren Anfangstagen war. Ganz besonders, wenn es regnete, denn der Fahrer musste während der Fahrt den Scheibenwischer mit der linken Hand betätigen. Er stand in der Bahn wie an einer Maschine, denn Sitze gab es für die Fahrer um 1910 und auch in den Jahren danach noch lange nicht. Die Passagiere sassen auf hölzernen Längsbänken, die Fenster im Rücken. So, wie es heute noch in der New Yorker Subway üblich ist. Die Strassenbahn bot 20 Sitz- und 32 Stehplätze. Auch im Laufe der weiteren Entwicklung der Tram gab es immer mehr Steh- als Sitzplätze: 1935 waren es zwei Sitzplätze mehr, jedoch die doppelte Anzahl an Stehplätzen, 1960 kamen auf 26 Sitz- 74 Stehplätze. Wer keinen Platz ergatterte, musste sich an einer der zahlreichen Halteschlingen, die von der Decke baumelten, festhalten.

Das Tram-Museum wurde im September 2007 eröffnet mit der Absicht, anhand der Sammlung die Entwicklung des öffentlichen Nahverkehrs der Stadt zu zeigen. Von der ältesten elektrischen Strassenbahn von 1901 an ist jede wichtige Etappe der Tramgeschichte repräsentiert. Neben fünf historischen Berner Strassenbahnen und drei Tram-Dienstfahrzeugen stehen im Museum die zwei ältesten «Blauen Bähnli» der Stadt. Darunter ist auch das legendäre «Blaue Bähnli», das dank dem Sketch «Dr schnällscht Wäg nach Worb» aus den 1950er Jahren, in dem ein Deutscher einen Einheimischen nach dem schnellsten Weg nach Worb fragt, Kultstatus geniesst. Das Bähnli diente einst als Kulisse für das berühmte Cover der Mani-Matter-LP «Ir Ysebahn». Das Cover hängt im Posterformat im Museums-Bähnli.

Schilder informieren über sämtliche technische Details der Trams. Weitere Ausstellungsstücke wie alte Billetts in Schaukästen, Fahrkartenautomaten sowie Videos und Fotos dokumentieren die Berner Tram- und Busgeschichte.

Adresse Seftigenstrasse 48, 3001 Bern, Tel. +41(0)31/9814139, www.trittbrett.ch | **ÖV** Tram 3 bis Haltestelle Weissenbühl | **Öffnungszeiten** aktuelle Öffnungszeiten siehe Website, ausserhalb der Öffnungszeiten kann das Museum nach Absprache besichtigt werden | **Tipp** Mehrmals jährlich fährt eine alte Dampf-Tram durch die Berner Altstadt in die Aussenquartiere (www.dampftram.ch).

103 Das Turmuhrwerk

Der Mechanismus hinter den Kulissen

Flügelschlagend kräht der Hahn am Zytgloggeturm bereits vier Minuten vor der vollen Stunde, woraufhin sich ein Zug grimmig aussehender Bären in Bewegung setzt und seine Runde dreht. Ein rot gekleideter Narr nutzt seine Narrenfreiheit und schellt an zwei Glocken. Der Hahn kräht ein zweites Mal, wenn die Bären im Turm verschwinden. Chronos, der Gott der Zeit, dreht seine Sanduhr und hebt das Zepter zum Kommando des Stundenschlags. Das ist das Zeichen für den goldenen Ritter Hans von Thann, der nun zum Takt des schwingenden Zepters mit einem Hammer an die grosse Glocke schlägt. Um sicherzugehen, dass die Anzahl der Schläge auch stimmt, zählt Chronos mit. Mit jedem Schlag öffnet er seinen Mund. Wenn der letzte Glockenschlag verstummt, kräht der Hahn zum dritten Mal und verkündet die neue Stunde. Im Mittelalter tickten sämtliche Uhren in Bern nach dieser Zeitangabe.

Unter der riesigen Turmuhr befindet sich eine astronomische Uhr, die den Tag, Monat, Tierkreis und die Mondphasen angibt. Steigt man zur Uhrkammer hinauf und sieht sich den Mechanismus des Monumentaluhrwerks, das der Waffenschlosser Kaspar Brunner zwischen 1527 und 1530 errichtete, aus der Nähe an, kommt man aus dem Staunen nicht heraus. Die Ausmasse des Uhrwerks sind gewaltig. Räder, Hebel, Draht- und Seilzüge greifen harmonisch ineinander, und es ist erstaunlich, dass nach fast 500 Jahren noch alles einwandfrei läuft. Damit es so bleibt, hält ein «Zytglogge-Richter» die Uhr in Gang. Allabendlich steigt er auf den Turm, dreht die Kurbel und zieht so die Steingewichte, die der Antrieb der Uhr sind, nach oben.

Sobald die volle Stunde naht, drehen sich Räder, und Stangen, die mit den Figuren verbunden sind, setzen sich in Bewegung. Ein Blasebalg geht auf und nieder und bringt den Hahn zum Krähen. Nun beginnt die Vorstellung mit dem Narren, Chronos, den sieben Bären und Hans von Thann.

Adresse Zytgloggeturm, Kramgasse/Zytglogge, 3008 Bern | ÖV Bus 10, Tram 7/8/9 bis Haltestelle Zytglogge | Öffnungszeiten Führungen Mo, Fr, u. Sa 14.15 Uhr, Mi u. So 15.15 Uhr, Informationen zu Führungen unter www.bern.com | Tipp Vom Turm aus wurden im Mittelalter die Wegstunden gemessen. Beim Tordurchgang sind Längenmasse, früher Elle und Klafter, heute Meter und Doppelmeter, als Masse zur öffentlichen Kontrolle angebracht.

104 Der Tychsteg

Die kleine Schwester der Rialtobrücke

Zugegeben, so prachtvoll wie sein historisches Vorbild in Venedig ist der doch eher nüchterne Steg bei weitem nicht. Er spannt sich auch über kein so berühmtes Gewässer wie den romantischen Canal Grande, sondern nur über den schmalen Wasserwerkkanal. Und als Wahrzeichen der Stadt gilt er ebenso wenig. Aber genau wie an der berühmtesten Brücke der Lagunenstadt muss man erst einige Treppenstufen hinaufsteigen, um den Steg zu überqueren und am anderen Ende wieder hinuntersteigen. Auch die Denkmalpflege der Stadt Bern ist der Meinung, dass der eiserne Fussgängersteg entfernt an «berühmte historische Vorbilder wie die Rialtobrücke in Venedig» erinnert. So die Informationstafel an der Brücke.

Ursprünglich hiess der Kanalübergang «Inselisteg», da er das durch den Aarekanal abgetrennte «Inseli», die westliche Wasserwerkgasse, mit der Schifflaube verbindet. Der Besitzer des Inselis erhielt im November des Jahres 1755 die Erlaubnis der Stadt, einen Steg über den «Tych», so der Kanal im Dialekt, zu bauen. Ein direkter Übergang über den Kanal ersparte den Arbeitern und Anwohnern so den Umweg über den Mühlenplatz.

Das damalige Holzbogen-Hängewerk soll der heutigen Konstruktion ziemlich ähnlich gewesen sein. Ob der Venezianer Giacomo Casanova, der 1760 zwei Monate in Bern weilte und sich in den Badehäusern des damals verruchten Mattequartiers vergnügte, die entfernte Ähnlichkeit mit der Brücke seiner Heimatstadt bemerkte?

Der Holzsteg wurde im Jahr 1872 abgerissen und durch die jetzige Eisenfachwerkkonstruktion ersetzt. Mit einer Spannweite von knapp über siebzehn Metern und einer Breite von nicht ganz zweieinhalb Metern ist der Steg die nüchterne Version der berühmten Rialtobrücke im Kleinformat. Im späten 20. Jahrhundert wurde aus dem eisernen Kanalübergang «Inselisteg» der Tychsteg, denn die Bezeichnung «Inseli» war ab den 1980er Jahren nicht mehr geläufig.

Adresse Zugang zur Bücke entweder Schifflaube Nähe Hausnummer 20 oder westliche Wasserwerkgasse (Höhe Automobilclub der Schweiz), 3011 Bern | ÖV Bus 12 bis Haltestelle Rathaus, dann 4 Minuten Fussweg | Tipp Am Eingang zur Matte, direkt unter der Nydeggbrücke in der Gerberngasse 4, liegt das gemütliche Restaurant Mühlirad, wo Ess- und Lebenskultur zusammenfinden.

105 Der Velokurierladen

Fahrräder aus der Massschneiderei

Radfahren macht Spass. Erst recht, wenn das Rad exakt auf den Radler oder die Radlerin zugeschnitten ist. Was das Team im Velokurierladen im Baukastensystems fertigt, hat mit den gängigen Standardmodellen nichts zu tun. Hier werden Fahrräder individuell und mit Liebe zum Detail auf die Bedürfnisse der Radler zugeschnitten. Durch Probesitzen auf der Messmaschine wird das Rad ergonomisch angepasst. Die richtige Sitzposition ist wichtig, denn steht der Sattel zu hoch über dem Lenker oder ist er ungünstig geneigt, schmerzt der Hintern. Ist der Sattel zu niedrig oder steht der Fuss falsch auf dem Pedal, schmerzen Knie und Füsse. Sind Lenker und Griffe nicht optimal geformt, schmerzen die Hände. Kommt alles zusammen, macht das Radeln keinen Spass mehr.

Der Velokurierladen ist 2000 aus dem Velokurier Bern hervorgegangen. Dort war Michel Tobler («Mischu») jahrelang als Fahrradkurier tätig. Nebenher schraubte er auf kreative Weise an den Rädern seiner Kurierkollegen und kam irgendwann auf die Idee, als Zweiradmechaniker die Fahrradreparatur und den Bau von fahrbaren Untersätzen zu seinem Hauptjob zu machen. Die Alltags- und Reiseräder werden als Bausatz bei Tour de Suisse und Velotraum bestellt. Rahmen und Komponenten werden vom Kunden einzeln ausgesucht. Wie das fertige Fahrrad aussehen könnte, zeigen die Anschauungsobjekte und Vorführmodelle im Laden. Angeboten werden zudem Cityflitzer von Schindelhauer aus Berlin und Brompton-Falträder aus London.

Die Wände der geräumigen Werkstatt hinter dem Laden sind gespickt mit Werkzeugen in allen Formen und Grössen. Baukästen stehen unter den Werkstischen und Fahrradteile warten darauf, zusammengesetzt zu werden. Hier wird jedoch nicht nur gebaut. Der Service rund ums Rad, von kleinen und grossen Reparaturen, über die komplette Inspektion bis hin zum Komplettumbau ist ein ebenso wichtiger Teil wie der Verkauf.

Adresse Lorrainestrasse 21, 3013 Bern, Tel. +41(0)31/3330520 | ÖV Bus 20 bis Haltestelle Lorraine | Öffnungszeiten Di–Fr 10–18.30 Uhr, Sa 10–15 Uhr | Tipp Gerade ein Fahrrad mit Korb gekauft? Dann füllen Sie diesen mit Bio-Obst und Gemüse sowie allerlei Leckereien aus dem LoLa Lorraineladen nebenan in Nummer 23.

106 Das Volkshaus 1914

Hier ging die Weltgeschichte ein und aus

Mit der imposanten Fassade schuf der Berner Architekt Otto Ingold 1914 den ersten Eisenbetonbau in der Innenstadt. «Wer vor dieser Volkshausfassade steht, muss von einem wunderfrohen Glauben an die Zukunft erfüllt werden. Es ist ein Neubau, nicht aus Sandstein, sondern aus Eisen und Dreck, der frech und frei seine eigene Melodie heruntergeigt», schrieb 1914 die Schweizerische Zeitschrift für Baukunst «Das Werk».

Das Volkshaus wurde im Oktober 1914 eingeweiht – pünktlich zum Parteitag der SPS. Für die Schweizer Linke wurde das Gebäude ein wichtiges Zentrum für Konferenzen, Sitzungen, Kampagnen und Mobilisationen. Hier wurde am 7. November 1918 ein Proteststreik ausgerufen, der zum ersten und letzten Generalstreik in der Schweizer Geschichte führte. Auch für ausländische Sozialisten wurde das Volkshaus schnell zum Treffpunkt. So versammelte hier im Februar 1915 Lenin, damals im Schweizer Exil, die bolschewistischen Auslandsgruppen und plante die Machtübernahme in Russland. Im März desselben Jahres fand unter der Leitung der deutschen Frauenrechtlerin und Sozialistin Clara Zetkin eine internationale sozialistische Frauenkonferenz statt. Am 5. September 1915 trafen sich 37 Sozialisten aus zwölf Ländern, darunter Lenin und Trotzki, um die Sozialistische Internationale neu zu organisieren. Die Delegierten fuhren vom Volkshaus aus als ornithologischer Verein getarnt nach Zimmerwald, wo sie drei Tage lang konferierten.

Ende der 70er Jahre wurde das Volkshaus abgerissen – lediglich die monumentale Fassade blieb bestehen. Aus dem Volkshaus wurde das Hotel Bern, und 2013 erhielt das Hotel-Restaurant den alten Namen Volkshaus zurück. Einziger Zeuge der über 100-jährigen Geschichte und gleichzeitig Blickfang im Volkshaus ist das Gemälde «Der Redner» von Cézanne-Schüler Eduard Boss. Dem Dichter Robert Walser würde es gefallen. Er kam damals oft zum Essen ins Volkshaus.

Adresse Zeughausgasse 9, 3011 Bern, Tel. +41(0)31/3292233 | **ÖV** Bus 10, Tram 7/8/9 bis Haltestelle Zytglogge | **Öffnungszeiten** Mo–So 9–23 Uhr | **Tipp** Das beste Käsefondue und Raclette der Stadt erhalten Sie im Restaurant Lötschberg in der Zeughausgasse 16.

107 Der Wartsaal

Bei Büchern und Kaffee lässt es sich gut warten

Wartesäle in Bahnhöfen sind selten geworden. Wozu auch – man kommt in letzter Minute zum Bahnhof, gerade rechtzeitig, um den Zug noch zu erwischen. Beim Umsteigen passt der Anschluss meistens auf die Minute genau. Der Wartesaal hat ausgedient. Das fanden Tobias Eggel, Martin Allemann, Stefan Wittwer und Tobias Roder schade und eröffneten deshalb im August 2011 eine Kaffeebar mit dem Namen Wartsaal.

Dass dieser nach Bahnhof klingt, ist Absicht und hat gute Gründe. Mitbegründer Tobias Roder erklärt: «Der erste Bahnhof Berns befand sich in der Lorraine. Die Lorraine war also ein Eisenbahnquartier. Die Wartesäle waren früher, zu den Zeiten vor dem Taktfahrplan, wichtige gesellschaftliche Treffpunkte, wo man Zeitung las und Nachrichten aus der Ferne erfuhr. Wartesaal kann also auch eine positive Konnotation haben. Ausserdem ist der Name eingängig, bleibt gut im Gedächtnis und geht leicht über die Lippen – all das war uns wichtig.»

Der Wartsaal sieht aus wie eine grosse gemütliche Stube. Auf der einen Seite sind wandhohe Fenster, auf der anderen Seite ist die Bar. Daneben steht ein Regal mit Büchern diverser Kategorien: Neuheiten, Klassiker, Kinderbücher sowie die Favoriten der benachbarten unabhängigen Sinwel-Buchhandlung. Die Karte liegt in Form einer Zeitung auf, wo auch jeweils ein Buch aus dem Regal vorgestellt wird. Bekannt ist der Wartsaal für seinen Kaffee, der in Langnau im Emmental geröstet wird, für seinen frisch aufgegossenen Eistee, die Schweizer Spezialitätenbiere und die kleine, aber feine Gin-Karte. Produkte von internationalen Grosskonzernen sucht man auf der Karte vergebens. Die Küche ist saisonal und regional.

Nur zehn Monate nach der Eröffnung wurde der Wartsaal mit einem Gastro Award in der Kategorie «Coffee» von der «Best of Swiss Gastro»-Jury ausgezeichnet.

Adresse Lorrainestrasse 15, 3013 Bern | ÖV Bus 20 bis Haltestelle Gewerbeschule | Öffnungszeiten Mo 17–22 Uhr, Di–Fr 9–23.30 Uhr, Sa 10–23.30 Uhr, So 10–17 Uhr | Tipp Auf der kleinen Bühne des Wartsaals finden regelmässig Lesungen und Konzerte statt. Infos unter http://wartsaal-kaffee.ch.

108 Das Weltpostdenkmal

Autour du monde – Rund um die Welt

Auf einer Felsformation hinter einem breiten Brunnenbecken befindet sich eine Wolkensäule, die eine Weltkugel trägt. Drum herum schweben fünf weibliche Gestalten, die sich gegenseitig Briefe zureichen. Sie stellen die fünf Erdteile dar. Rechts unterhalb der Kugel sitzt auf einem Stück Granit die Berna, eine Personifikation der Stadt Bern in Frauengestalt, die ihre rechte Hand auf das Wappen der Stadt stützt. Parkbesucher gehen täglich daran vorbei, Kinder turnen auf den Felsen und dem ausgestreckten Arm der Berna herum, aber kaum einer weiss, was es mit dieser seltsamen Bronzeplastik auf sich hat.

Das Denkmal, das Kinderherzen erfreut, ist dem Jubiläumspostkongress zum 25-jährigen Bestehen des Weltpostvereins zu verdanken, der 1874 in Bern gegründet wurde. Auf diesem Kongress wurde beschlossen, ein Denkmal zu errichten, woraufhin der schweizerische Bundesrat am 31. Oktober 1902 einen internationalen Wettbewerb ausschrieb, um an die Gründung des Weltpostvereins zu erinnern. Bis zum 15. September 1903 lagen dem Preisgericht aus Bildhauern und Architekten insgesamt 120 Gipsmodelle zur Begutachtung vor. Sechs Entwürfe wurden ausgewählt. Darunter die Modelle von einem Schweizer, drei deutschen und zwei französischen Architekten und Bildhauern. Da aber keiner der preisgekrönten Entwürfe die festgesetzten Bedingungen vollständig erfüllte, wurde zwischen den sechs Künstlern ein engerer Wettbewerb veranstaltet, wobei es ihnen freistand, ihre Modelle zu ändern.

Sieger wurde der überarbeitete Entwurf des französischen Bildhauers René de Saint-Marceaux mit dem Titel «Autour du monde». Der Künstler hatte seinem ursprünglichen Entwurf die Figur der Berna hinzugefügt. Das mehrere Tonnen schwere Kunstwerk aus Bronze und Granit wurde 1909 vom Atelier des Künstlers in Paris mit 60 Eisenbahnwagenladungen nach Bern gebracht und steht seitdem im Park der Kleinen Schanze.

Adresse Park der Kleinen Schanze (Bundesgasse), 3011 Bern | **ÖV** vom Bahnhof circa 5 Minuten Fussweg | **Tipp** Kaffee oder frische Cocktails im Grünen? Dann nichts wie hin ins Park Café «Kleine Schanze»!

109 Das Welttelegrafen-denkmal

Der heisse Rock der Helvetia

Eigentlich hätte ein Blitze schleudernder Zeus dort stehen sollen, wo seit 1922 auf einem monumentalen Sockel eine Menschengruppe aus Bronze steht, die in der Mitte von einer sitzenden Frauengestalt dominiert wird. Die Gruppe verkörpert die Themen Familie, körperliche und geistige Arbeit, Schmerz, Fruchtbarkeit und Barmherzigkeit. Zwei Figuren der Gruppe reichen der Frauengestalt die Hand, was darstellen soll, dass die «Seelen der Völker» verbunden werden.

Nachdem der Weltpostverein 1909 sein monumentales Denkmal enthüllte, wollte ihm die Welttelegrafenunion in nichts nachstehen und schrieb einen Wettbewerb aus. Das siegreiche Projekt Tebro des Italieners Giuseppe Romagnoli, das heute auf dem Helvetiaplatz steht, stiess in der Bevölkerung auf Widerstand. Man fand es für den Platz zu dominant, weil es die Sicht auf das Historische Museum beeinträchtigte. Das Volk liebäugelte mit dem Zeus, der den fünften Platz im Wettbewerb belegte. Die internationale Jury setzte sich aber letztendlich durch.

Das Denkmal wird in dem Jugendbuchklassiker «Mein Name ist Eugen» des Berner Schriftstellers Klaus Schädelin erwähnt. Der Erzähler bezeichnet die Brunnenfigur als Helvetia und schreibt über sie: «Was ich diese Helvetia aus Eisen, diese Riesenmadam hasse, seitdem man mir einst in der zweiten Klasse gesagt hatte, ich solle ihr auf den Schoss klettern und dann drücke mich der Bäschteli mit seinem Kodak ab, und das sei eine schöne Erinnerung.»

Von wegen schöne Erinnerung! Die Mitschüler halfen ihm zu dritt hinauf. Dort wurde es ihm schwindelig, und er schämte sich, weil die anderen ihn auslachten, wie er so ängstlich da oben sass. Plötzlich verschwanden sie, und er blieb allein auf dem Schoss zurück, der von der Sonne sehr heiss war. «Und weil ich erst in die zweite Klasse ging, heulte ich los, was ich konnte», schrieb Schädelin.

Adresse Helvetiaplatz (vor dem Historischen Museum), 3005 Bern | **ÖV** Tram 6/7/8 oder Bus 19 bis Haltestelle Helvetiaplatz | **Tipp** Laufen Sie um das Telegrafendenkmal herum. Auf der Rückseite finden Sie eine Tafel, welche die Namen der damals 128 Mitgliedstaaten trägt.

110 Die Zähringerstatue

Denkmal für den schwäbischen Stadtgründer

Herzog Berchtold V. von Zähringen steht auf einem Sockel und blickt gedankenverloren in die Ferne. Auf seinem Ritterhemd prangt ein Löwe, das Wappen der Zähringer. In der linken Hand hält er ein Schwert, in der Rechten eine Schriftenrolle. Hinter ihm steht ein Bär in aufrechter Haltung. In seinen Tatzen hält er den Helm des Herzogs und betrachtet ihn neugierig. Das Denkmal für den Stadtgründer Berns wurde in der Königlichen Erzgiesserei in München gegossen und am 8. Mai 1847 auf der Münsterplattform enthüllt. Seit 1968 befindet sich die Bronzestatue auf einem neuen Sockel im idyllischen Nydegghöfli.

Berchtold war der letzte Herzog aus der ursprünglichen Linie des schwäbischen Fürstengeschlechts der Zähringer. Nach dem Tod seines Vaters 1186 übernahm er die Herrschaft, besiegte den burgundischen Adel und betrieb Siedlungspolitik in der Innerschweiz und im heutigen Berner Oberland. 1191 gründete er die Stadt Bern. Aus taktischen Gründen, denn der Fluss um die Aare-Halbinsel bot natürlichen Schutz von drei Seiten. Auf der vierten Seite wurden eine Mauer und ein Wehrturm, der heutige Zytgloggeturm, sowie ein Stadtgraben errichtet. Der Herzog baute die Stadt nach einem klaren Plan: Beginn am untersten Eck (dem Nydegg) und Ausbau in Richtung Westen. Dort, wo heute die Nydeggkirche steht, liess Berchtold die Burg Nydegg erbauen, die den Fährverkehr über die Aare schützte und kontrollierte.

1198 wäre Berchtold fast König geworden: Bei der damaligen Königswahl in Köln wurde er von einer Minderheit zum Nachfolger von Heinrich VI. bestimmt. Allerdings verzichtete er gegen Zugeständnisse zugunsten von Philipp von Schwaben. Diese Zugeständnisse ermöglichten es ihm, den Besitz der Zähringer in Süddeutschland und der heutigen Schweiz auszubauen. Berchtold starb 1218 im Alter von 58 Jahren ohne Nachkommen. Begraben wurde er in seiner Heimat Freiburg im Breisgau.

Adresse Nydegghöfli, 3011 Bern | **ÖV** Bus 12 bis Nydegg | **Tipp** Schauen Sie sich das wunderschöne Matthäus-Fenster des Künstlers Robert Schär im Chor der Nydeggkirche an.

111 Zimmerwald bei Bern

Heimlicher Treffpunkt internationaler Sozialisten

In den frühen Morgenstunden des 5. September 1915 brach eine Gruppe Sozialisten auf Fuhrwerken vom Volkshaus in Bern nach Zimmerwald auf. In den Kutschen sassen Lenin, der damals in Bern lebte, Trotzki sowie 36 Sozialisten, Sozialdemokraten und Revolutionäre aus elf Ländern. Die Initiative für das Treffen war von dem Berner Sozialdemokraten und Tagwacht-Redakteur Robert Grimm ausgegangen. Ziel war es, die Sozialistische Internationale, die bei Ausbruch des Ersten Weltkrieges zerbrochen war, neu zu formieren. In dem damals abgelegenen Bauerndorf auf einem Hügel fielen die als ornithologischer Verein getarnten Delegierten nicht weiter auf. Untergebracht waren sie in der Pension Beau Séjour, die in einem Park lag. Ob sie morgens konferierten, während sie Vögel beobachteten? Schliesslich durfte die Tarnung nicht auffliegen!

Während der dreitägigen Konferenz verfasste Trotzki das Zimmerwalder Manifest, das mit wenigen Änderungen einstimmig verabschiedet wurde. Die Unterzeichner erklärten den Ersten Weltkrieg zum Krieg der Kapitalisten und forderten die Arbeiter der Welt zur Einigkeit im Kampf für den Frieden auf. Sie riefen die sozialistischen Parteien und Arbeiterorganisationen aller Nationen auf, ihre Zustimmung zu Kriegskrediten zu verweigern (als der Krieg ausgebrochen war, hatten die sozialistischen Parteien Europas beschlossen, ihre Regierungen im Krieg zu unterstützen). Zuletzt bezeugten sie allen Opfern des Krieges ihre uneingeschränkte Solidarität. Lenin war das Manifest jedoch nicht radikal genug, und es kam zum Streit mit Grimm und Trotzki. Er fügte vor der Annahme ein Zusatzprotokoll hinzu, in welchem er das proletarische Potenzial zur Umwandlung des «imperialistischen Krieges» in einen Bürgerkrieg ansprach.

Die Pension Beau Séjour gibt es längst nicht mehr. Das Gebäude in der Kirchstrasse 7, in dem die Konferenz stattfand, ist heute ein privates Wohnhaus.

Adresse 3086 Zimmerwald | **ÖV** S 3 Richtung Belp bis Haltestelle Kehrsatz, dann NFB 340 Richtung Niedermuhlern bis Haltestelle Post in Zimmerwald (Fahrzeit ab Bern 34 Minuten) | **Tipp** Wenn Sie in der Länggasse unterwegs sind, werfen Sie doch mal einen Blick auf das Gebäude am Seidenweg 8. Dort wohnte Lenin während seiner Berner Zeit im dritten Stock.

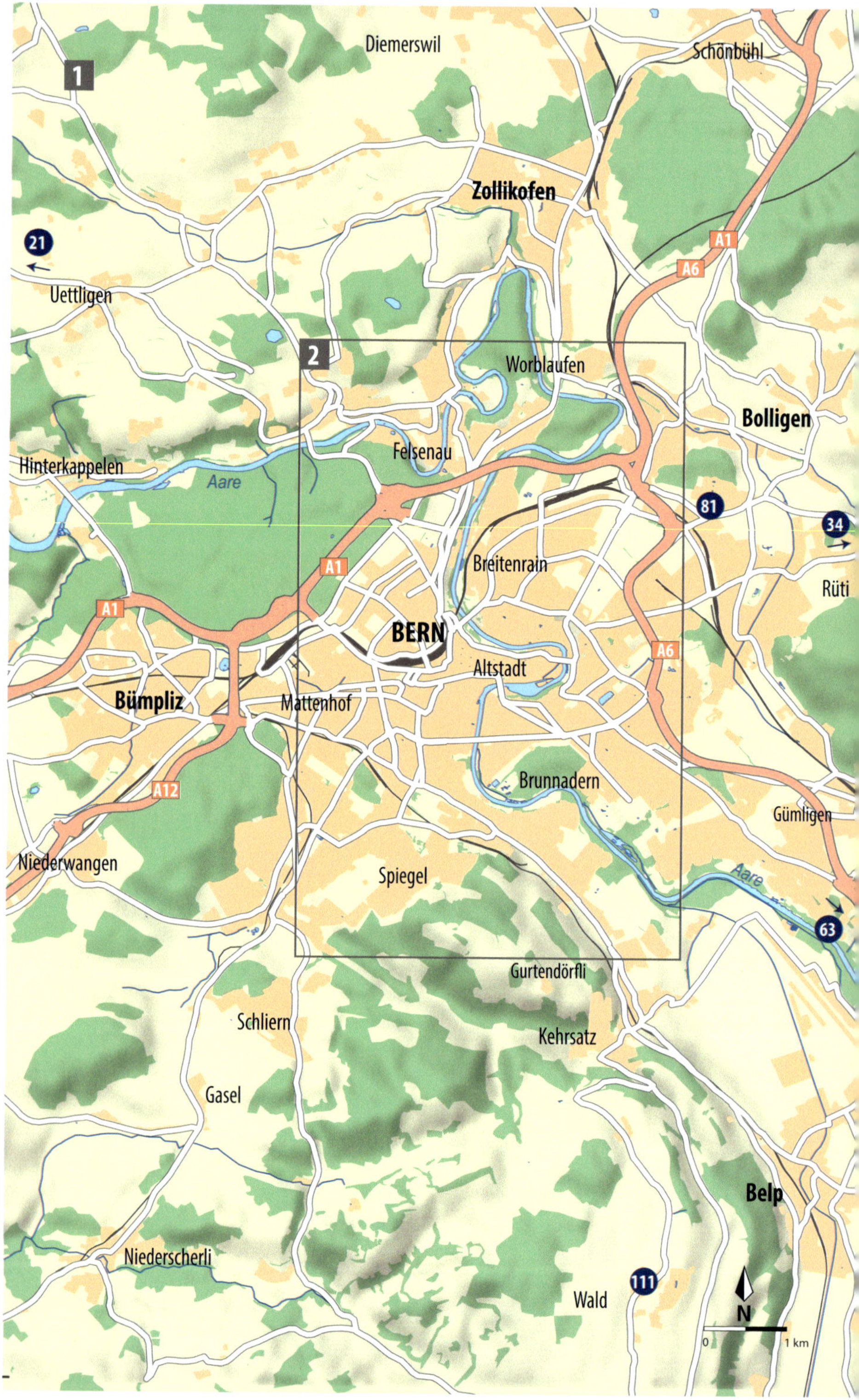

1
Diemerswil
Schönbühl
Zollikofen
A1
A6
21
Uettligen
2
Worblaufen
Bolligen
Felsenau
Hinterkappelen
Aare
81
34
A1
Breitenrain
Rüti
A1
BERN
A6
Altstadt
Bümpliz
Mattenhof
Brunnadern
A12
Gümligen
Niederwangen
Spiegel
Aare
63
Gurtendörfli
Schliern
Kehrsatz
Gasel
Belp
Niederscherli
111
Wald
N
0
1 km

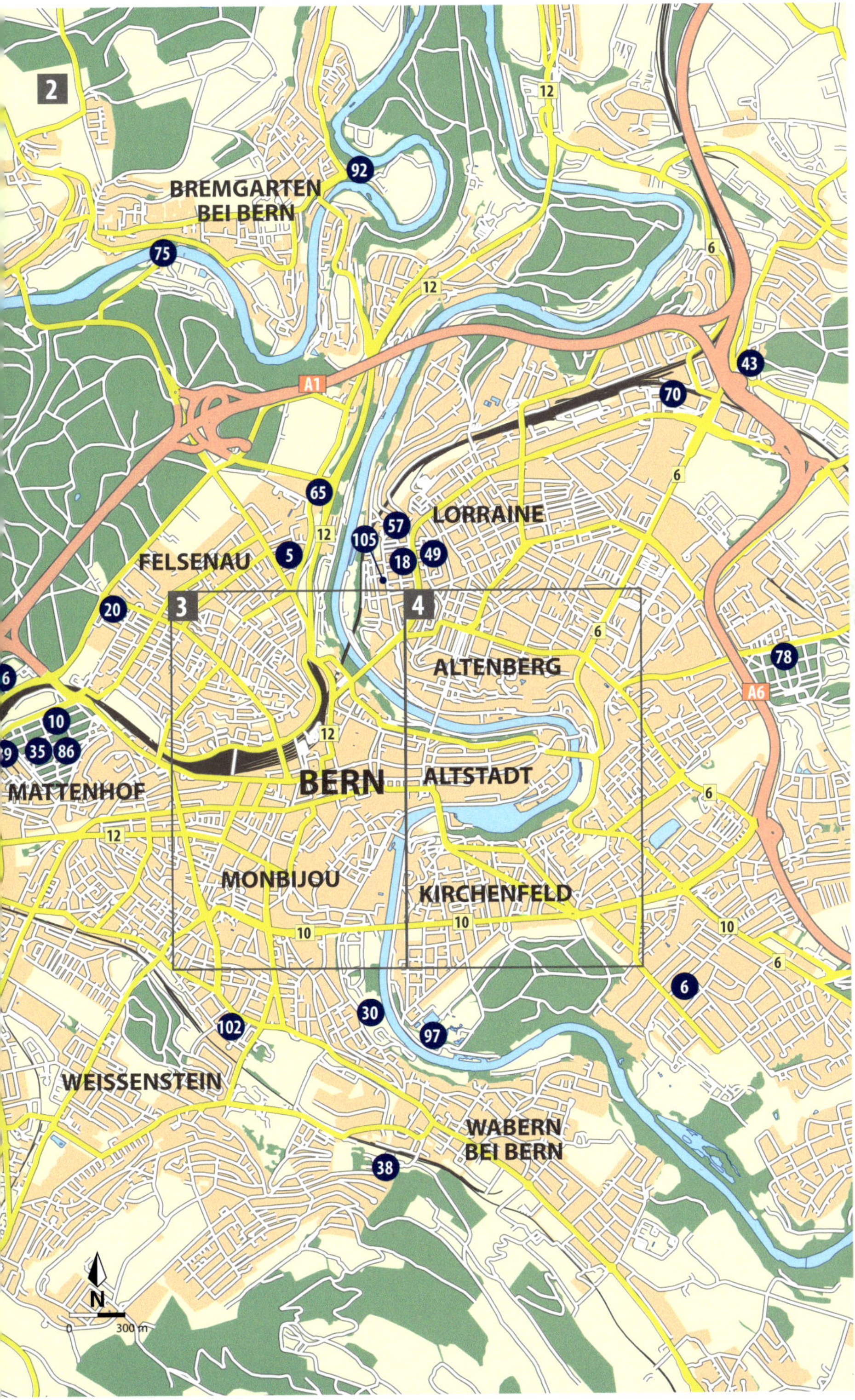

2
BREMGARTEN BEI BERN
FELSENAU
LORRAINE
ALTENBERG
BERN
ALTSTADT
MATTENHOF
MONBIJOU
KIRCHENFELD
WEISSENSTEIN
WABERN BEI BERN
A1
A6
3
4
N
0
300 m

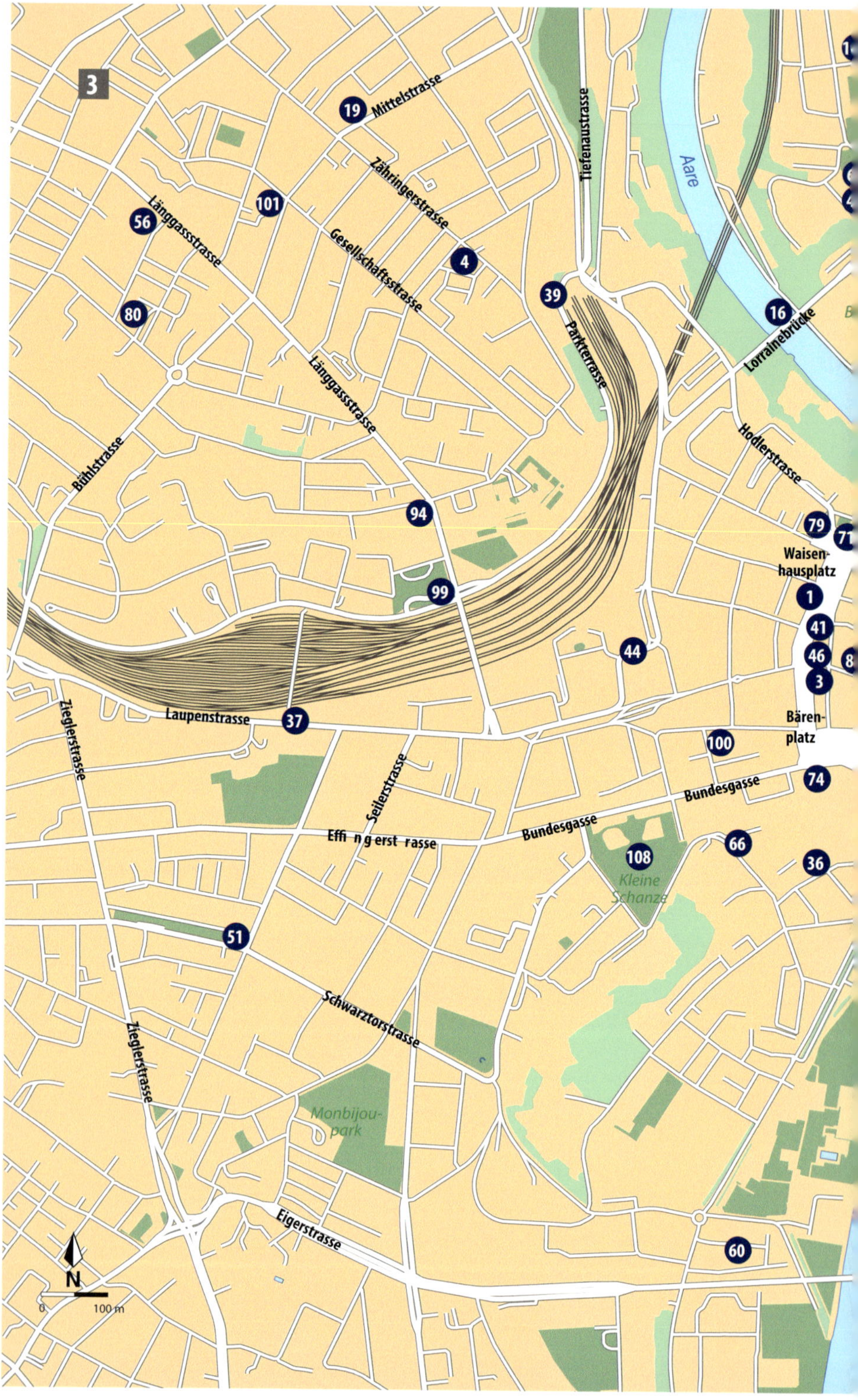
3
Mittelstrasse
Zähringerstrasse
Gesellschaftsstrasse
Länggassstrasse
Länggassstrasse
Bühlstrasse
Tiefenaustrasse
Aare
Parkterrasse
Lorrainebrücke
Hodlerstrasse
Waisenhausplatz
Bärenplatz
Laupenstrasse
Zieglerstrasse
Seilerstrasse
Effingerstrasse
Bundesgasse
Bundesgasse
Kleine Schanze
Schwarztorstrasse
Zieglerstrasse
Monbijoupark
Eigerstrasse
N
0
100 m
19
101
56
4
39
16
80
94
79
99
1
41
44
46
3
37
100
74
66
108
36
51
60

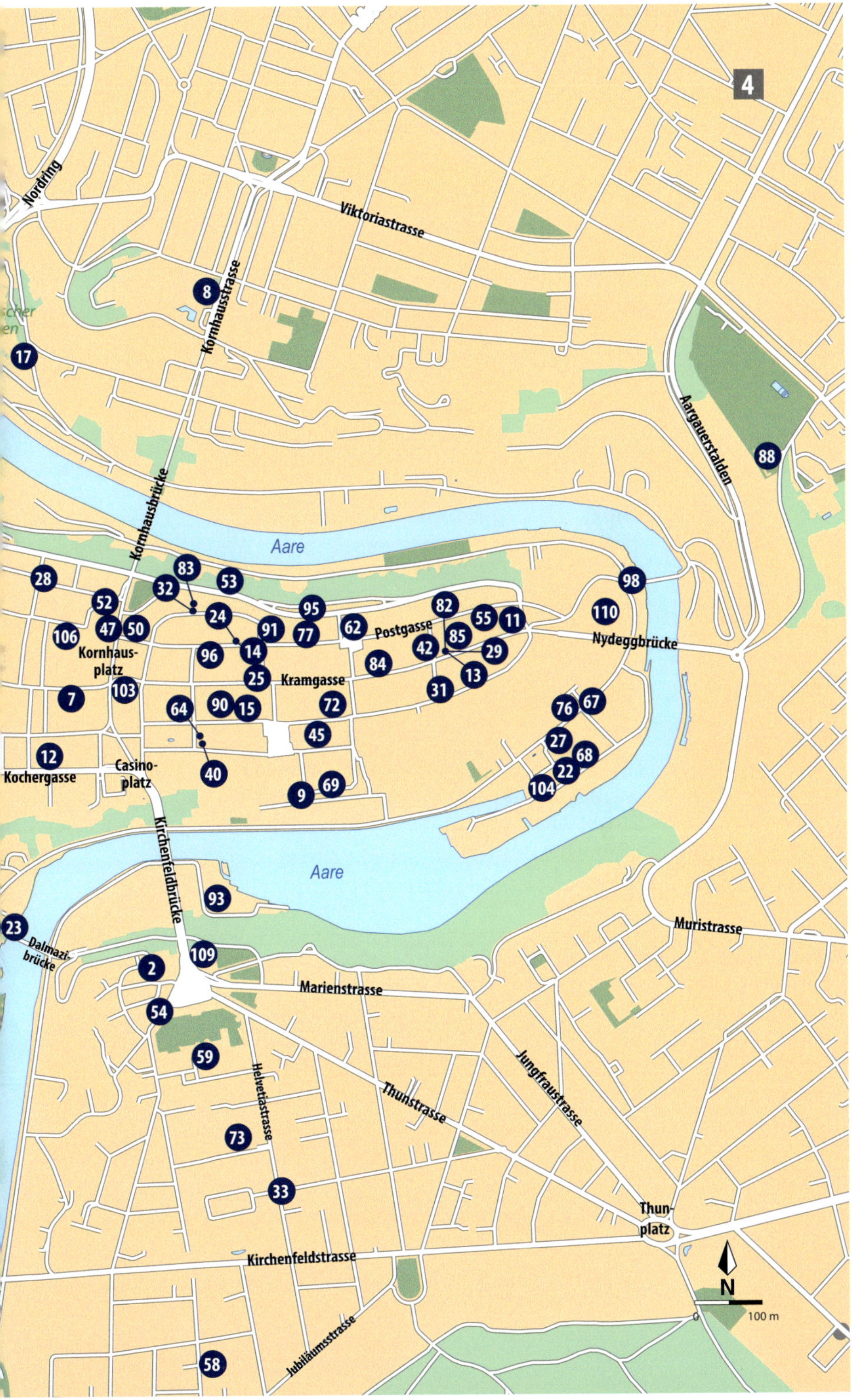

4
Nordring
Viktoriastrasse
Kornhausstrasse
Aargauerstalden
Aare
Kornhausbrücke
Postgasse
Nydeggbrücke
Kornhaus-
platz
Kramgasse
Casino-
platz
Kochergasse
Kirchenfeldbrücke
Aare
Muristrasse
Dalmazi-
brücke
Marienstrasse
Jungfraustrasse
Thunstrasse
Helvetiastrasse
Thun-
platz
Kirchenfeldstrasse
Jubiläumsstrasse
N
0
100 m

Regula Tanner
111 Orte im Berner Oberland, die man gesehen haben muss
ISBN 978-3-7408-1547-9

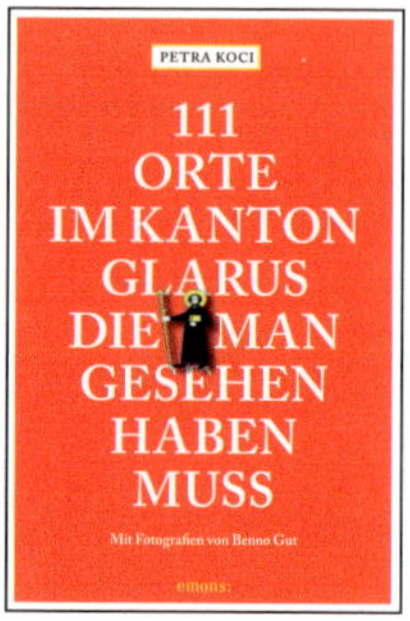

Petra Koci, Benno Gut
111 Orte im Kanton Glarus, die man gesehen haben muss
ISBN 978-3-7408-1066-5

Christian Löhden
111 Orte in Graubünden, die man gesehen haben muss
ISBN 978-3-7408-1551-6

Christof Gasser, Barbara Saladin
111 Orte im Kanton Solothurn, die man gesehen haben muss
ISBN 978-3-7408-0975-1

Ambroise Tièche, Katharina Hohmann, Fritz von Klinggräff
111 Orte in Genf, die man gesehen haben muss
ISBN 978-3-7408-0835-8

Silvia Götschi
111 Orte in Nidwalden, die man gesehen haben muss
ISBN 978-3-7408-0566-1

Nina Kobelt, Silvia Schaub
111 Orte rund um den Säntis, die man gesehen haben muss
ISBN 978-3-7408-0550-0

Sonja Muhlert, Adrian Künzi
111 Orte in und um Biel/Bienne, die man gesehen haben muss
ISBN 978-3-7408-0340-7

Marcus X. Schmid, Michel Riethmann
111 Orte in Luzern und rund um den Vierwaldstättersee, die man gesehen haben muss
ISBN 978-3-7408-1811-1

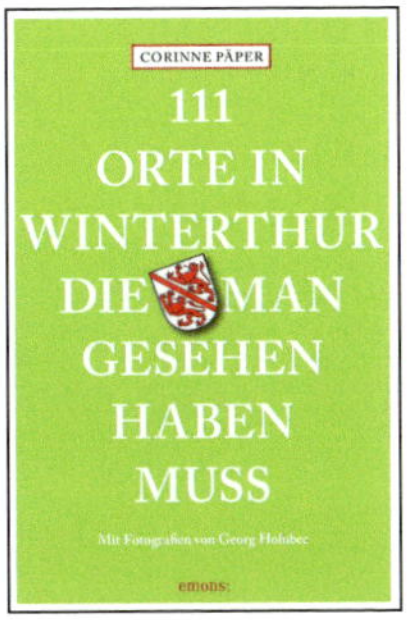

Corinne Päper, Georg Holubec
111 Orte in Winterthur, die man gesehen haben muss
ISBN 978-3-7408-1691-9

Barbara Saladin
111 Orte in Baselland, die man gesehen haben muss
ISBN 978-3-7408-0122-9

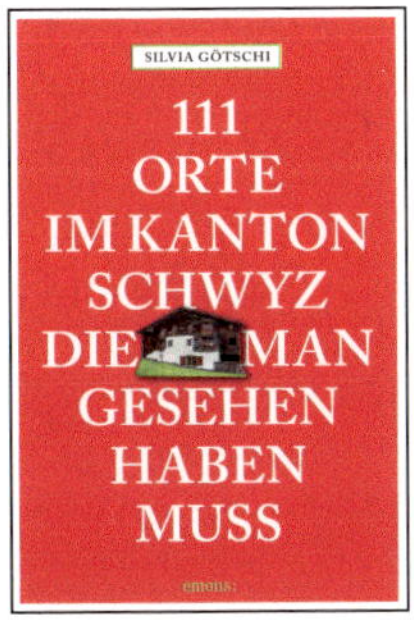

Silvia Götschi
111 Orte im Kanton Schwyz, die man gesehen haben muss
ISBN 978-3-7408-0116-8

Silvia Schaub
111 Orte im Engadin, die man gesehen haben muss
ISBN 978-3-7408-1999-6

Mercedes Korzeniowski-Kneule
111 Orte in Basel, die man gesehen haben muss
ISBN 978-3-95451-702-2

Oliver Schröter, Falk Saalbach
111 Orte in Zürich, die man gesehen haben muss
ISBN 978-3-7408-1381-9

Ursula Kahi
111 Orte im Aargau, die man gesehen haben muss
ISBN 978-3-95451-537-0

Dietlind Castor
111 Orte am Bodensee, die man gesehen haben muss
ISBN 978-3-7408-1781-7

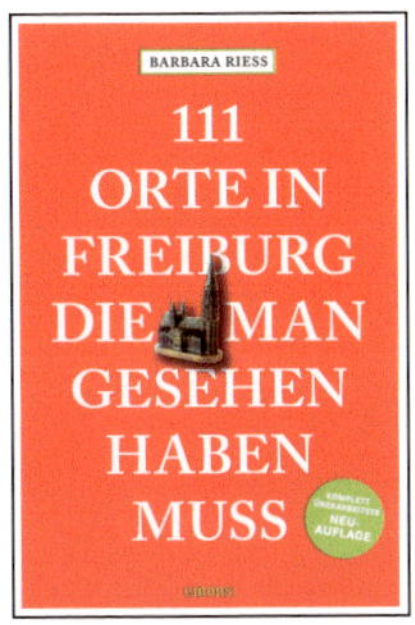

Barbara Riess
111 Orte in Freiburg, die man gesehen haben muss
ISBN 978-3-7408-1073-3

Jo Berlien, Sabina Paries
111 Orte in Strassburg, die man gesehen haben muss
ISBN 978-3-7408-0576-0

Sybil Canac, Renée Grimaud, Katia Thomas
111 Orte in Paris, die man gesehen haben muss
ISBN 978-3-95451-847-0

Barbara Krull
111 Orte im Elsass, die man gesehen haben muss
ISBN 978-3-95451-596-7

Ralf Nestmeyer
111 Orte in der Provence, die man gesehen haben muss
ISBN 978-3-7408-1960-6

Marcus X. Schmid, Monika Steineberg
111 Orte in der Bretagne, die man gesehen haben muss
ISBN 978-3-7408-1880-7

Evelyn Pschak von Rebay
111 Orte in den (französischen) Pyrenäen, die man gesehen haben muss
ISBN 978-3-7408-0562-3

Cornelia Ziegler
111 Orte im Allgäu, die man gesehen haben muss
ISBN 978-3-7408-1278-2

Rüdiger Liedtke
111 Orte in München, die man gesehen haben muss
ISBN 978-3-7408-1298-0

Rüdiger Liedtke
111 Orte in München, die man gesehen haben muss, Band 2
ISBN 978-3-7408-1514-1

Susanne Gurschler
111 Orte in Tirol, die man gesehen haben muss
ISBN 978-3-95451-834-0

Sabine Gruber, Peter Eickhoff
111 Orte in Südtirol, die man gesehen haben muss
ISBN 978-3-95451-318-5

Kristof Halasz
111 Orte in Vorarlberg, die man gesehen haben muss
ISBN 978-3-7408-2016-9

Beate Giacovelli,
Gaetano Adragna
111 Orte am Comer See, die man gesehen haben muss
ISBN 978-3-7408-1201-0

Petra Sophia Zimmermann
111 Orte am Gardasee und in Verona, die man gesehen haben muss
ISBN 978-3-95451-344-4

Marx de Morais
111 Orte in Turin und im Piemont, die man gesehen haben muss
ISBN 978-3-95451-736-7

Natalino Russo
111 Orte in Neapel, die man gesehen haben muss
ISBN 978-3-7408-0478-7

Max Fleschhut
111 Orte auf Elba, die man gesehen haben muss
ISBN 978-3-7408-0587-6

Federico Meloni, Jana Meloni
111 Orte auf Sardinien, die man gesehen haben muss
ISBN 978-3-7408-1997-2

Fotonachweis

Kap. 1, Adventure Room: Gabriel Palacios; Kap. 2, Alpines Museum: Alpines Museum; Kap. 3, Der Anna-Seiler-Brunnen: wikimediacommons_JoachimKohler-HB; Kap. 7, Die Äss-Bar: Ruben Ung; Kap. 20, Casita: Daniel Lüthi; Kap. 22, Cinématte: Kino Cinématte; Kap. 27, Das Fischerstübli: Christian Reichenbach; Kap. 38, Heitere Fahne: Heitere Fahne; Kap. 52, Kornhauskeller: Gian Marco Castelberg; Kap. 63, Literaturweg: Region Kiesental; Kap. 65, Marians Jazzroom: Marians Jazzroom; Kap. 73, Museum für Kommunikation: Museum für Kommunikation, Thijs Wolzak; Kap. 85, Ristorante Verdi: Gian Marco Castelberg; Kap. 91, Schlachthaus Theater: Foto oben Theater Bern, Foto unten Rob Lewis; Kap. 97, Termitenbau: Foto Tierpark Bern /RANDO; Kap. 100, Tibits: Tibits; Kap. 103, Turmuhrwerk: Bern Tourismus

Cornelia Lohs schreibt Reportagen, Features und Porträts für Print- und Onlinemedien in den deutschsprachigen Ländern. Sie verfasst Reiseführer und -bücher und ist dafür an 100 Tagen in der Welt unterwegs. Nach Bern kommt sie immer wieder gern, denn sie stimmt mit Goethe überein, der Bern einst die schönste Stadt der Schweiz nannte.

www.cornelia-lohs.de